如果
你生来没有翅膀

独立女神香奈儿传

可可·香奈儿

COCO CHANEL

纪云裳/著

江苏凤凰文艺出版社
JIANGSU PHOENIX LITERATURE AND ART PUBLISHING, LTD

图书在版编目（CIP）数据

如果你生来没有翅膀：独立女神香奈儿传 / 纪云裳著.
-- 南京：江苏凤凰文艺出版社, 2017.12

ISBN 978-7-5594-1226-3

Ⅰ.①如… Ⅱ.①纪… Ⅲ.①夏内尔(Chanel, Gabrielle 1883-1971)-传记 Ⅳ.①K835.655.7

中国版本图书馆CIP数据核字（2017）第253477号

书　　名	**如果你生来没有翅膀：独立女神香奈儿传**
作　　者	纪云裳
选题策划	鲤伴文化　李梦芸
责任编辑	姚　丽
特约编辑	王一力
责任监制	刘　巍　江伟明
封面设计	仙　境
出版发行	江苏凤凰文艺出版社
出版社地址	南京市中央路165号，邮编：210009
出版社网址	http://www.jswenyi.com
印　　刷	北京中科印刷有限公司
开　　本	880mm×1230mm　1/32
字　　数	157千字
印　　张	8.5
版　　次	2017年12月第1版，2021年3月第7次印刷
标准书号	ISBN 978-7-5594-1226-3
定　　价	36.00元

影视版权抢订热线　010-57194853

目录

PART 1 穿越风雨，逆流而上

“如果你生来就没有翅膀，千万不要阻止它们重新生长”，在命运的河流之上，她曾是溺水的孩子，没有翅膀，没有舟楫，只能随波追流，但终有一天，她会长出新的翅膀来，哪怕是拆骨为桨，也将穿越风雨，一路逆流而上。

01 如果你生来就没有翅膀 002

02 从嘉柏丽尔到可可 009

03 想要无可取代，就要与众不同 016

04 白色山茶，一朵灵魂的香氛 025

05 卡柏男孩：带我走，我的爱 032

PART 2

姿态独立，便是优雅

独立，才能主宰自己的命运；优雅，源于温柔智慧的灵魂。拥有两者的人，便可在这残酷的世界里刚柔并济，战无不胜。

06 独立的女人最有魅力 042

07 时尚，是一种心灵的状态 050

08 战火纷飞，我们在同一片星空下 057

09 第一个开劳斯莱斯的女人 064

10 他要结婚了，而新娘不是她 072

11 我要让全世界的女人为你穿上黑裙 081

PART 3

女人天生就该被爱

女性最为渴慕的东西到底是什么？是青春，是温柔，是优雅，是时尚，还是永不枯竭的性感和爱？如果说一个人的作品就是一个人的人生，那么无疑，这些香奈儿都得到了。

12 被米西亚爱过的地方寸草不生 090

13 香奈儿5号：不用香水的女人没有未来 098

14 俄罗斯情人：灵感，即爱恋 108

15 艺术与诗：香奈儿的文化时代 120

16 西敏公爵：遇见“最后的国王” 129

PART 4 不畏年龄，随时有底气去爱任何人

尽管再也不能重返少女时光，但她为自己保留了一枚少女的内核，让她可以在历尽千帆之后，依然心如少女；可以不惧岁月，不畏年龄；可以精神永新，骁勇且美好；可以有元气去应战生活，有心气去构筑事业，有底气去爱任何人。

17 她拒绝了英国首富的求婚 140

18 起驾好莱坞：一场百万美金的豪赌 149

19 历尽千帆，依然心如少女 159

20 情人艾里布：一个有趣的魔鬼 167

21 致对手：我没有时间讨厌你 176

PART 5

热闹和孤独，通通拿来享用

孤独，能让人在生命的内核中找到自制自爱自强的能量，有了这种力量，便可以从深谷低洼里走出来，不被忧郁和绝望反噬，不被空虚和寂寞打倒，躲过人心的贪嗔痴怨和命运的刀枪剑戟，重新站在穹天之下，无畏无惧，焕发光彩，满身伤痕如战甲。

22 为了那双黑玛瑙一般的眼睛 186

23 被时光封缄的秘密 193

24 避居瑞士，与孤独做伴 203

25 盛装归来——没有什么可以打败我 211

26 永远的香奈儿小姐 223

番外

香奈儿的腔调

直面香奈儿的时尚内核，爱情气质和生活美学

番外一　说吧，时尚 238

番外二　你好，色彩 247

番外三　香奈儿说，她喜欢…… 255

PART 1

穿越风雨，逆流而上

我一路逆流而上，才学会了坚强。是痛苦让人坚强，而不是幸福。

——可可·香奈儿

人们看一个人的目光，总是会取决于她的服饰——这不是肤浅，而是现实，毕竟没有人有义务透过你脏乱的服饰，去关心你美丽的灵魂。

01

如果你生来就没有翅膀

未经征询就被带到这个世界上，降生于某个家庭，成长于某种环境，这是每个人都无法选择的命运。

香奈儿也一样。

她从来就不是被命运眷顾的幸运儿，就像世间很多出身寒微，从未被爱滋养，又时刻被苦难浸泡的孩子一样，她不喜欢自己的原生家庭，在无数个艰难等待黎明来临的夜里，恨不得剔骨重生。

即便是多年以后，她重塑命运，名扬四海，赢得财富、地位、爱情与尊重，也依然难抑心底的悲凉，曾不止一遍地向友人保罗·莫朗表示：“我讨厌家庭……小时候，我感觉没有什么比家庭更可怕的了，一切是如此刻骨铭心。”

1883 年 8 月 19 日，香奈儿出生在法国卢瓦尔省的一座小镇救济院里。救济院位于卢瓦尔河畔，香奈儿的父母就曾在河畔集市兜售针织品——男人名叫阿尔伯特·香奈儿，女人名叫让娜·德沃勒，一年前，他们已经有了长女茱莉亚。

如果只是普通商贩的家庭，倒也不必沦落到需要救济的程度，但当时阿尔伯特与让娜尚未结婚，且在让娜即将临盆前，阿尔伯特已经逃避远去，他不愿承担责任，也没有给予她们任何经济上的支持。直到一年后，让娜才费尽心思找到阿尔伯特，他们终于在 1884 年的冬天正式结婚，并在婚后陆续为嘉柏丽尔生下了妹妹安托瓦内特和三个弟弟。

就这样，香奈儿一出生就成了私生女。救济院里一位好心的修女给她取名为嘉柏丽尔·香奈儿，这个名字写在了她的洗礼证明上，同时伴随了她的整个童年与青春。

童年时，香奈儿印象最深的就是家庭的贫困。她的母亲带着六个孩子，挤在昏暗潮湿的房间里，看不出颜色的壁纸被顽皮的孩子撕下，墙灰飞舞在混浊的空气中，虚弱的母亲不停地咳嗽，斑斑血迹洒在白色的手绢上，令人触目惊心……妹妹蹲在母亲身边，不停地喊饿，母亲只能睁着绝望的眸子默默饮泣，而他们的柜子里，已经没有一点食物可供充饥。

有一次，香奈儿和姐姐去找妈妈——为了生存，让娜经常去给人当用人，却被人嘲笑“香奈儿家的孩子穿着抹布，真不知道几天没洗头了”，姐姐忍不住哭了出来，但香奈儿忍住了眼泪。眼泪能带来什么呢？从小到大，她看得最多的就是母亲的眼泪，可那么多的眼泪依然留不住父亲的心，也无法为家庭带来任何实际的帮助。

在很多个夜晚，小小年纪的香奈儿躺在冰冷的木板床上，在母亲的咳嗽声中，望着窗外的夜空无法入睡。她的心里充满了恐惧，也充满了厌倦，但时间悄然流逝，生活的悲楚周而复始，她唯一可以做的，就是希望自己快些长大。

那时，在所有人的眼中，香奈儿不过是个卑微倔强的小女孩，一个整天穿着破旧衣服的毫不起眼的小不点儿。

正因为这样，从知晓世事开始，香奈儿就发现，人们看一个人的目光总是会取决于她的服饰——这不是肤浅，而是现实，毕竟没有人有义务透过你脏乱的服饰，去关心你美丽的灵魂。

一个人想要主宰自己的命运，必须从主宰自己的穿着开始——这是遇到许多冷漠的目光和鄙夷的表情后，她渐渐明白的道理。

而日后的她选择投身时尚，选择一生优雅精致，一方面出于唤醒天下女人尊重自我的决心；另一方面，是为了抚慰昔日成长的伤痕。

当这一切发生时，香奈儿的父亲依然在远方游荡，她一年也难得见到父亲一次。在她的记忆中，父爱虚无缥缈，父亲也只是一个模糊的影子。

其实从一开始，阿尔伯特就是个荡子，他出生寒门，一生渴望财富与远方，将家庭视为枷锁与羁绊，而且非常擅长花言巧语，据说能把树上的鸟儿都诱惑下来。而可怜的让娜，为了与他在一起，当初不惜与家庭决裂，然后又只能年复一年地去寻找他。她带着孩子们不断辗转于流动的市集，一度贫病交加，凄惨度日，最后竟不幸患上了慢性肺炎，在身心的双重折磨中饮恨死去。

失去母亲的时候，香奈儿已经 11 岁了。

那是一个寒风刺骨的清晨，孩子们醒来后，发现母亲不再咳嗽，也不再呼吸——她的眼睛睁着，像两个幽深的黑洞，失去了尘世的温度和光亮。

香奈儿终于忍不住失声痛哭。那个场景一直刻在她的脑海里，成为挥之不去的梦魇，但她不知道，命运之轮已经悄然启动，此后迎接她的将是另一番人生。

让娜长眠于奥弗涅的公墓，成为萋萋杂草间的新冢。

阿尔伯特终于回来了。他依然过得潦倒，也依然永不满足，穿着一双破旧的靴子，年近四十，眼神冷峻，风霜满面。显然，他不是浪子回头，也不是为了悼念亡妻，而是为了以后可以了无牵挂地远走异乡。

阿尔伯特迫不及待地对孩子们进行了安置。在他的苦苦哀求下，一位农场主勉强答应收养他的儿子们，条件是给农场当免费的童工。女孩们则被他用货车送到了克雷兹省的奥巴辛修道院，她们将在那里附属的孤儿院长大成人。

从此之后，阿尔伯特就再也没有回来过。

分别时，他与女儿们约定了一个日期，他告诉她们，到了那一天，他就会来接她们。然而一直没有。没有人知道他去了哪里，可能是他向往已久的美国，也可能是更遥远的地方。但可以确定的是，香奈儿和姐妹们被遗弃了，她们成了彻底的孤儿。

修建在高山之上的巨大建筑，历经数百年的风雨，依旧岿然肃立。同一片穹天之下，一道蜿蜒的高墙隔绝了苍翠的山林与俗世的尘嚣，将这里切割成一个静默而孤独的世界。

一天又一天，孤儿们穿着修女的黑色长袍，手持白色蜡烛，穿过沉重的木门，走过冷寂的石板路，静默地行走，静默地祈祷，静默地颂诗，静默地读书，静默地练习手艺……在这个世界里，静默是氛围，是美德，也是一种必备的能力。

香奈儿学习的手艺，正是让她日后走上时尚之路的缝纫技能。裁剪，缝纫，锁边……一位年迈的修女嬷嬷教会了她制作衣服的整套流程，为了她日后可以自食其力。香奈儿学得飞快，因为来修道院之前，她就曾与姐妹们帮助母亲做过针线活。

她很聪慧，在缝纫与时尚方面有着值得肯定的天赋——五岁时，她就曾独立完成过一个布偶，还用碎布给布偶制作了美丽的衣裙。只是，当她举着布偶兴奋地拿给母亲看时，母亲却眼泪汪汪地告诉她，家里又没有一分钱了——在廉价卑微的贫民生活里，天赋是灿若黄金的东西，有多珍贵，就有多虚妄，唯有温饱迫在眉睫。

她很敏感，当确定父亲失约，自己被无情遗弃之后，她经常失眠，心伤难抑。坐在孤儿院的铁床上，看着墙上的耶稣受难像，她甚至还想过用自杀来救赎自己的悲伤和恐惧。她说，“母亲过世后，父亲就消失了，我的心每天都被痛苦占领着，再也没有快乐。”

修道院里本来就没有快乐。单调的生活，严苛的戒律，无处不在的信仰，给人带来善意，带来平静，带来圆满，带来爱……却唯独不能给她带来快乐。

快乐在尘世里，这里离尘世太远。

幸而同时，她又很坚强。

那种坚强，也可以称之为骄傲，心气儿，或是天生骨子里不认命、不服输的倔强，是一次又一次与痛苦抗争的心灵产物。

从童年时开始，她就不相信生活可以依靠祷告来改变，就像她不相信自己会默默无闻，庸碌一生。

因此，她依旧会盼望自己快些长大，可以早些主宰自己的生活——这是她为自己营造的微光。

借着这点微光，她放弃了自杀的想法，开始张开双臂迎接生活。她也开始相信，一个人只要熬过了黑暗，就会等到黎明。

如果你生来就没有翅膀，千万不要阻止它们重新生长，在命运的河流之上，她曾是溺水的孩子，没有翅膀，没有舟楫，只能随波追流，但终有一天，她会长出新的翅膀来，哪怕是拆骨为桨，也将穿越风雨，一路逆流而上。

二十二年的艰苦生存让她明白，自己真正需要的是什么，那并非灯光下不负责任的挑逗与暧昧，而是可以助她一臂之力，将她带出寒门的人。

02

从嘉柏丽尔到可可

1905 年的某个夏夜，在法国穆朗城的圆亭咖啡馆里，有一位年轻的姑娘初次登台就赢得了满堂喝彩。

她有着浓密的长发，闪亮的眼睛，脸庞俏丽娇美，浑身洋溢着青春的气息。她唱的是一首小调《谁见过可可》，声音活泼又清亮："我丢失了我可怜的可可，我可爱的小狗……谁见过可可，啊，我的可可……"

很快，这首歌便成了她的保留节目，每次一到副歌的部分，就会引来全场尖叫。她几乎每天晚上都会到来，但也每次都会在唱完歌后匆匆离去。

没有人知道她叫什么名字，大家都亲昵地叫她"可可"

（Coco）。

翌日清晨，当第一缕阳光降临大地，离圆亭咖啡馆不远处的格朗佩尔时装店就会准时开门。

这家店铺的生意很是不错，在老板娘的严厉目光下，后院的十几位缝纫女工都已严阵以待，开始迎接忙碌的一天。她们都是通过精挑细选的优质裁缝，每天的工作就是为当地的贵族制作烦琐又精美的服装，同时也会给一些驻军缝补军装。

在她们之中，又要属一个叫嘉柏丽尔的姑娘手艺最为出色。

这一点，老板娘自然心知肚明，不过，作为当地最有名气的裁缝，她从来不会告诉顾客，哪一套服装是出自哪一名女工之手。

是的，嘉柏丽尔就是可可，可可就是香奈儿。

白天，她是时装店的小裁缝，穿着灰扑扑的衣裙，在缝纫机前埋头工作，毫不引人注意。到了晚上，她就会穿着顾客的服装偷偷溜下楼去，到街道尽头的咖啡馆展示曼妙的歌喉与舞姿。在那里，没有人知道她的身世，她就像毛毛虫破茧成蝶，光芒四耀，美丽而自由。

自由，让香奈儿感到了真正的快乐。而这一年，她已经22岁了。从修道院到穆朗，这些年里，她又经历了什么?

晚年时，香奈儿也曾向友人讲述她的一生，但为了守护内心深处最脆弱的秘密，她虚构了很多事件，也涂抹了很多记忆，甚至裁剪了很多过往。

“人的一生，就是一个谜”，在她随口吐出的烟圈中，那些深埋的往事仿佛也被笼罩上了一层迷雾。那个时候，她已经成了自己的小说家，岁月如谜，生活如书，历经数十年的曲折与拼搏，她终于从命运手中夺过了那支笔，便尽可书写属于自己的传奇人生。

如果按照香奈儿的故事版本，她在母亲过世后就去了姨妈家，而不是修道院。她声称自己曾在姨妈家的阁楼上看了很多小说，并将其中的段落抄到了作业本上，是那些小说教会了她怎样生活，也是小说里的情节造就了她的敏感与骄傲。但姨妈总是会打击她的骄傲：“你会一直穷下去的”“如果有个农民想娶你，你就应该感到很知足了”……她听到后，脸上表现得不屑一顾，心里却十分痛苦。

然而这一切都只是香奈儿的想象，就像她曾想象，她的父亲从美国给她寄过一条漂亮裙子。事实上，她一满 18 岁就从修道院出来了，之后又以孤儿的身份进入穆朗的教会学校。

一个人到学校后，香奈儿在形象上尚未有太多改变，就像一个小村姑，每天穿着穷人家的衣服和鞋子，没有见过世面，但在内心依旧保持着自己的骄傲，从不向人卑躬屈膝，低声下气。这样的性格，难免让她在学生中有点格格不入。

直到有一天，香奈儿遇到了一位叫阿德里安娜·香奈儿的同学，才开始有了朋友。

香奈儿没有想到，阿德里安娜竟然是仅仅比她大一岁的小姑姑——她祖父的第十八个孩子，一个标准的法国美人，性格平和，善解人意。她或许更没有想到，在这个世界上，我们走的每一步路，遇到的每一个人，都可以让命运的轨迹发生改变。

有了阿德里安娜这个媒介，香奈儿到维希城的祖父家中度假，一切便水到渠成。

当时她的祖父母都尚在人世，且对阿德里安娜很是疼爱。虽然家境清贫，但有了爱的滋养，阿德里安娜从小就生活得很幸福。

在香奈儿的记忆中，还有一位露易丝姑姑经常会回到娘家来，有时还会邀请她们一起装饰帽子，改造服装。香奈儿对这些非常感兴趣，如何唤醒一条裙子的美丽，如何为一顶帽子“点石成金”……多年后，她就是用装饰帽子的手艺，为自己赚到了人生中的第一桶金。

阿德里安娜的爱好则是阅读言情小说，她把外省报纸上连载的长篇小说都剪了下来，然后做成小册子借给香奈儿看。

就这样，那些引人入胜的小说情节和缠绵悱恻的对白，不可避免地拨动了年轻姑娘的芬芳心弦，她开始渴望被爱，渴望遇到一份坚贞浪漫的爱情。

1904年，香奈儿和阿德里安娜一起从教会学校毕业，不久后，她们来到了穆朗的格朗佩尔。

所以，当香奈儿把自己在圆亭咖啡厅兼职的秘密说给阿德里安娜听时，阿德里安娜不禁张大了嘴巴，惊讶得说不出话来。但很快，阿德里安娜就仗义地表示，要与香奈儿“并肩作战”。

香奈儿被小姑姑的可爱神情逗笑了，她们拥抱在一起，仿佛接下来的人生是一场激动人心的冒险，而年轻让她们无忧亦无惧。

阿德里安娜没有香奈儿那般动人的歌喉，但可以负责在人群中传递收小费的帽子，说着：“先生们，先生们，为了艺术家。”阿德里安娜楚楚动人的容颜，小猫一样的轻言细语，随之绽开的醉人微笑，总是能让她轻易地获得更多的收入。

一个月后，这些收入已经足够为她们添置几套体面的新装。当然，与新装一起到来的，还有她们渴望已久的爱情。

穆朗作为当时法国重要的军事要塞，驻军众多，所以一到晚上，酒吧和咖啡馆就成了军官们的消遣之处与猎艳场所。

先是阿德里安娜，她年轻貌美又婀娜多姿，身边聚集着不少仰慕者。但阿德里安娜很明白自己的境况，没有地位，没有资产，婚姻便是翻盘人生的唯一的机遇，她必须小心甄别。

这时，一个叫内克松的骑兵军官出现了，他是一位货真价实的男爵，家产雄厚，年轻英俊，且对阿德里安娜一往情深。

阿德里安娜与内克松一恋爱，就辞掉了时装店的工作。当然她也不会忘记在恋人的圈子里为香奈儿牵线搭桥，她知道香奈儿喜欢什么样的男人，在择爱标准上，她们一直灵犀互通。

的确，对于香奈儿来说，母亲的婚姻就是她的前车之鉴，无论如何——哪怕是单身一辈子，她也不会允许自己重蹈覆辙。这一点，她比任何人都清醒，更不会轻易对谁交付真心。

二十二年的艰苦生存让她明白，自己真正需要的是什么，那并非灯光下不负责任的挑逗与暧昧，而是可以助她一臂之力，将她带出寒门的人。

艾提安·巴勒松是穆朗驻军第十轻骑兵团的中尉、内克松的朋友、资产阶级后裔，也是阿德里安娜为香奈儿介绍的单身绅士。在此之前，艾提安曾在阿尔及利亚的非洲兵团服役，与香奈儿相遇时，他刚调任穆朗。

第一次见到香奈儿，艾提安就被她吸引住了。很多年后，他还记得她当时的模样，记得她踩着一路的掌声与尖叫径直走到他身边，一双黑貂色的眸子，骄傲而忧伤，仿佛深藏着无数的故事，惹人爱怜，又勾起男人的征服欲……他对她展开了追求。

不过，令人出乎意料的是，香奈儿并未答应他。

这或许真的不是一种欲擒故纵的手段，而是她确实另有所想——自从阿德里安娜辞职后，她也跟着辞去了时装店的工作，并打算去维希追求她的伟大梦想，做一名真正的歌舞剧演员，就像伊薇特·吉尔贝那样，从穷乡僻壤的缝纫女工到繁华巴黎的女歌唱家，这样的励志传奇时刻激励着她。

香奈儿去维希时，艾提安追到车站去送她，他眉头紧蹙，凝视着她的眼睛，显得念念不舍："可可，请你不要走，我可以让你衣食无忧。"

香奈儿相信艾提安可以让她衣食无忧，但这时的她想要的并不只是衣食无忧。她还想要梦想，想要自己的事业，想要独立，想要自由。尽管世事茫茫，前程未卜，她也不希望给自己留遗憾。

不过，在火车启动时，不知是对艾提安心动了，还是为了给自己留下一条退路，香奈儿缓缓回过了头。

"艾提安，如果有一天我对你有了想念，不论你在哪里，我都会飞向你的身边。"

女人穿衣打扮，最终的目的都是为了取悦自己，而不是讨男人的欢心。

03

想要无可取代，就要与众不同

1906 年，香奈儿与阿德里安娜在维希的公园里留下了一张合影。

从照片上可以看到，这时的她们已不再是只会穿着廉价制服的小裁缝了，精致时尚的服装经过修改后，让她们显得高贵又大方。阿德里安娜在镜头前很放松，她摆了一个展示自己的姿势，靓丽的脸庞喜笑颜开。而香奈儿则是把手背在身后，神情微微有些严肃，眼神里好像藏着心事。

香奈儿的心事是什么呢？

晚年时，香奈儿曾回忆：“维希是乐园，可怕的乐园，对没有见过世面的人来说，它无比美妙……维希是我的第一次旅程，它教会我生活。”

维希是举国闻名的矿泉疗养之地，也是娱乐咖啡馆、音乐剧及歌舞表演的天堂，“美好时代”歌剧院、娱乐咖啡馆、爱丽舍宫……吸引了大量的财富新贵，就连美国最当红的明星也经常来此登台表演。

维希的繁华让年轻的香奈儿大开眼界。那一天，她怀着朝圣者的心，站在伊甸园剧院的门口，就像受到了心的洗礼，走进一个美妙的梦境。她从未见过这么大的舞台和这么漂亮的海报，灯光璀璨，如天上的星河，伴随着钢琴的旋律缓缓倾泻，一位漂亮的女演员在台上轻歌曼舞，看起来是那样的芳华绝代。

遗憾的是，香奈儿并未得到登台的机会。

那段时间，她走遍了维希的所有剧院，然而那些经理在看过她的试演之后，都不约而同地婉拒了她，原因大同小异，她虽然有表演的激情，个性也活泼机智，甚至有些特别的野性的优雅，但是她的嗓音却远不及大舞台的标准。

香奈儿也不是没有争取过，她去景区做矿泉水销售员，去咖啡厅当最普通的服务员，然后自费参加歌舞培训班。

只是好嗓音这个东西，不是靠努力就能获得的。

梦想近在咫尺，梦想远在云端，屡次被拒的香奈儿终于认清了自己，她不怕苦，不怕孤独，但她也怕无意义的坚持，怕虚耗生命。事实证明，她的确没有做歌唱家的天赋。

就在香奈儿的梦想被现实碾得粉碎之时，来维希看望她的阿德里安娜，却迫切地想要和她一起分享自己爱情的甜蜜。

阿德里安娜告诉香奈儿，内克松已经向她求婚了。尽管内克松的家人强烈反对他娶一个缝纫女工回家，但内克松意志坚定，丝毫没有妥协，更发誓非阿德里安娜不娶。当时，这对恋人已经秘密同居，并经常结伴外出游玩，比如来维希度假。

最后，阿德里安娜用言情小说里女主角的坚毅眼神望着香奈儿，温柔地说道，“我愿意等待内克松，我不介意我们的爱情如此漫长。”

很显然，阿德里安娜的到访让香奈儿动摇了，她不禁想，假设当初答应艾提安的求爱，此时的人生会不会又是另一番境况。

但人生没有假设，只有选择。

大大小小的选择构成了我们的生活，以至于你选择去哪里，做什么样的工作，与什么样的人交往，都会决定人生的最终走向。而你做的每一次选择，都可能将你推得更远，也可能将你打入深渊。

就像香奈儿当初选择登上圆亭咖啡馆的舞台一样，其实从那一刻开始，就决定了她有一天会来到维希。

或许，也同时决定了，艾提安会在某一个清晨，敲开她出租房的门。

“我无法打败自己对你思念，可可。”有点像童话故事里的开头，骑着白马的王子希望拯救深陷困境的灰姑娘，从50公里之外的穆朗城夜奔而来，然后拂落一身的星光，只为告诉她，他想念她。

艾提安已经退役，并准备投资他的赛马事业，只要香奈儿愿意，就可以与他一起开创新生活。

那一天，在繁花盛开、青草葳蕤的阿列河畔，他们有了第一次亲吻。河水静静流逝，在阳光的爱抚下发出潋滟的波光，照耀着恋人的身影，远处沉寂的山峦泊在柔润的空气中，又仿佛凝结了时间……那样的一瞬，竟胜似永恒。

就这样，香奈儿选择了与艾提安在一起。

她离开了维希，与他一同前往贡比涅的罗亚尔庄园，在那里，她将开启一段新的人生。

而在过去几个月时间里，维希的美好与残酷教会她的就是：“这世上，如果这种生活拒绝了你，那就去寻找另一种在等待着你的生活。”

罗亚尔庄园位于贡比涅郊区一片广袤森林的腹地，因曾是菲利普国王狩猎的行宫，又得名罗亚尔皇家城堡，离巴黎仅70公里。现在，经过扩建和翻新，这里成了艾提安的私人城堡和养马场，花园和古树围绕着恢弘精美的住宅，里面住着大批骑手、马夫，还有仆人，规模已经超越了往昔的奢华。

艾提安的父母过世后，给他和两个哥哥留下了几辈子也花不完的家产，只是他对经营家族生意毫无兴趣，从少年时代起，就只喜欢狩猎和赛马。他一生风流不羁，活得洒脱自由，也只有马和女人能让他永不厌倦。

而女人，他苦心追求的可可已经在他的城堡之中，成为他触手可及的恋人，纸醉金迷，锦衣玉食，他永远都不用担心她会离开。所以，他如今完全可以把全部的时间和精力都倾注在赛马事业上。

那么对于香奈儿来说，从灰姑娘一夜之间化身为公主，她又会不会沉迷其中，乐不思蜀？

实际上，她的确花了将近一个月的时间来适应，再也不用起早贪黑为生存奔波，而是有求必应，闲适到无聊的生活。

当然，只要她愿意，她也可以像世间的很多“金丝雀”那样，每天忙着用金银珠宝和绫罗绸缎来打扮自己，讨好城堡的主人，叹息似水的年华。

但她没有。

她一直认为自己不是被包养的“金丝雀”，哪怕外面的风言风语再盛，也不曾扰乱过她的心绪：“我们男未婚，女未嫁，一切出于自愿，我想不出哪里有什么罪过。”

她对讨好男人也无多大兴趣，或许是因为她“从未真正地爱过艾提安，那只是一种爱的幻觉”，也或许是她的骄傲令她不屑。

不过有一点是确定的，那就是纵观她的一生，无论是对哪一任恋人，她都坚持自己所信奉的穿衣原则，女人穿衣打扮，最终的目的都是为了取悦自己，而不是讨男人的欢心。

就好比她对衣橱里那些贵重又烦琐的服装没有欲望一样，她喜欢简单舒适的穿着，喜欢清爽怡人的装扮，有时候，她还会穿上艾提安的白衬衫。

于是，在仆人们的眼里，她便成了“不谙世事的小姑娘”。他们经常会有意无意地向她提起艾提安从前的风流韵事，想看一看她嫉妒到扭曲的表情，可惜的是，“小姑娘”每次都让他们失望而归。

而真正让香奈儿不再感到无聊，并产生浓厚兴趣的，其实是阅读和骑马。

做自己感兴趣的事，才是一个人对自己最好的取悦。

每天清晨，都有好几份报纸从巴黎准时送到城堡，其中就有艾提安关心的赛马报道，也有香奈儿喜欢的时尚专栏。那些关于巴黎交际花们的时装评论，不仅唤醒了她身上潜藏的艺术细胞，又锻炼了她对时尚的精准目光和敏锐嗅觉。

城堡里还有着丰富的藏书，香奈儿经常会花上一上午的时间待在房间读书，就像经历一次心灵之旅，通过书中描述的世界，她获得了生活中未有的启示，心智也变得更加内敛和成熟。

从贫民区长大的女孩，自小就拥有非凡的自学能力，对知识有着本能的饥饿。“我是一个自学的人。”她说。也正因为这样，当有一天，她与丘吉尔、毕加索及伊戈尔·斯特拉文斯基那些天才人物成为朋友时，也可以侃侃而谈，不会感觉有任何的拘束。

有一张她在城堡的沙发上读书的照片，看起来非常优雅迷人，低领衫勾勒出她那细长的脖颈，低垂的双眸注视着书页，气氛舒缓而温情。

骑在马背上的香奈儿，又是另外一种风姿。

那时，只有上流社会的女人才会骑马，但香奈儿最喜欢做的，就是挑战习俗，打破界限。来到罗亚尔不久，她就告诉艾提安，她不仅要学会骑马，还要学习打马球，在马场上一展英姿。

艾提安喜欢她，自然愿意迁就她，很快，他就成了她的老师，并用心教会了她所有关于马术的要领。

虽然见识过各种各样的女人，但香奈儿身上的聪慧和狠劲，还是让艾提安大吃一惊。

她学得非常快，而且有着顽强的意志力，即便是没有老师教的时候，她也会一个人去练习，从不松懈半分。有一次，她选了一匹性子最烈的白马，结果摔得骨头脱臼，但到了第二天，她打着绑腿又跨上了马背，直到将那匹烈马征服。

艾提安记得，那一天，在烈马的嘶鸣声中，香奈儿穿着一套男士的骑装，坐在马背上朝他露出胜利者的微笑时，他心里突然生出一种奇妙的感觉，好像从未认识过她，又好像从未追求到她一样。

香奈儿成了罗亚尔最好的女骑士，同时，她的马球技术也渐入佳境。

有一张照片，是在罗亚尔城堡外，香奈儿骑在马上，身穿一件男式的白衬衫，脖子上系着领带，一顶简单大方的黑色宽边帽下，是一条马尾辫和她俊俏又自信的脸蛋，下身的马裤和皮靴又让她看上去有着一种独特的英姿和魅力。

当时，艾提安正站在不远处，仰脸望向马背上的女人，双目含笑，满脸柔情。

在那样的年代，还没有任何一位女性，会像香奈儿这般装束自己。

从来没有一个女人会穿马裤，就像从来没有一个女人，敢对艾提安说："我要去骑马，请把你的衬衫给我。"

一个人的服装代表了一个人内心的状态。

显然，香奈儿是勇敢的，也有着一个勇往直前、自由驰骋、独一无二的灵魂。

正如她所说，“想要无可取代，就要与众不同”，她确实做到了，独特与自由，将永不过时——无论是日后征服全世界的香奈儿风格，还是如今愿得一心人的可可式风情。

只有害怕受伤的人，才会选择身披铠甲。

04

白色山茶，一朵灵魂的香氛

1908年，香奈儿的城堡生活还在继续。而她的恋人，不仅是个马术绝佳的骑士，还是一个热情好客的富翁。在罗亚尔，她亲历了艾提安主宰的“美好年代”，一场又一场的赛马会，一次又一次的大狂欢，策马红尘，醉生梦死，奢靡无度，构成了上流社会光鲜外表下的全部真相。

罗亚尔的仆人手中曾有一张艾提安的行程表，上面记录了在一周时间里，艾提安和他的骑师们需要参加的马会：“周一，圣克卢；周二，昂吉安；周三，特朗布莱；周四，欧特伊；周五，拉斐特之家；周六，万塞纳；周日，龙尚。”

时隔多年后，香奈儿还记得第一次去龙尚赛马场的经历。那里位于巴黎的布伦园林，风景秀美，古树苍翠，不远处的埃菲尔铁塔直入天际，大看台上风吹衣香，鬓影如云，聚集了时尚最前沿的服饰与妆容；绿茵场边，全国最优秀的骑士们将与最优良的马匹一起，为速度和激情，男人的荣誉而战。

艾提安对赛马付出了十二分的痴迷，就连罗亚尔的聚会也成了赛马会的衍生产物。因为主人迫切地需要庆祝战绩，他会邀请所有的骑师参加，还有他在巴黎的贵族朋友们以及他们的女伴。在富丽堂皇的城堡里，大家畅饮香槟，跳舞狂欢，通宵达旦。

但不知从何时开始，香奈儿感到了厌倦。

她厌倦了这种日复一日的贵族式的颓靡，厌倦了依赖他人过活的消极日子。她当初为了爱情来到这里，但现在爱情让她觉得荒废了时间。她也曾以为自己得到了爱情，但显然一切都偏离了幸福。

在那些贵族带来的女伴身上，她似乎看到了自己在罗亚尔的未来，那就是等待着艾提安的厌弃，然后像一件过气的奢侈品一样，慢慢蒙尘，失去光华与尊严。

就像埃米莉安娜一样。

埃米莉安娜曾是巴黎最有名的交际花，也曾是让艾提安千金买笑的美人。不过她与其他浓妆艳抹的女人不同，她会写诗，身上散发出淡雅的香气，据说马塞尔·普鲁斯特就曾以她为灵感，创作了《追忆似水年华》中的高级交际花阿尔贝蒂娜。

现在，被艾提安抛弃的埃米莉安娜又出现在了罗亚尔庄园，她的新身份是某位职业赛马师的情人——她依靠男人生活，而站在女人堆里，她又总是最引人注目的那一个。

香奈儿并不嫉妒她，她说："我从来不知道嫉妒是什么感觉。"相反，香奈儿还很怜惜埃米莉安娜，认为她身上有着一种洁净的气息，比那些道貌岸然的贵妇要真实得多，"埃米莉安娜，她就像一朵山茶花"。

入住罗亚尔城堡之后，香奈儿曾在巴黎观看了《茶花女》。

当时，她去参加赛马会，顺道看望暂居在巴黎的阿德里安娜。正浴爱河的阿德里安娜容光焕发，如她所愿，内克松对她一直体贴备至。而香奈儿却显得有些孤单，艾提安因为要参加赛马无法陪她前来，她便只能一个人站在法兰西大剧院的霓虹灯下，望着《茶花女》的海报，心潮起伏，思绪万千。

音乐剧改编自小仲马的小说——

来自乡下的美丽女孩玛格丽特来到巴黎后，成了一名高级交际花。因为她经常簪戴一朵茶花，又得名"茶花女"。那些达官显贵可以为了她的美貌一掷千金，却没有一个人关心她的灵魂。直到她遇到了阿尔芒，一个愿意为了她付出生命的男人，她才真正体验到了爱情。只是奈何命运多舛，在阿尔芒家人的阻扰下，他们不断地误解和背弃，还是未能成为眷属。最后，玛格丽特郁郁死去，阿尔芒悔恨终生。在玛格丽特的坟前，阿尔芒摆满了山茶花，用那些白色清雅的花朵，纪念他们凄美纯洁的爱情。

剧情落幕时，香奈儿不禁哭出了声音，温热的泪水流淌着，她捧住自己的脸，头顶星光熠熠，灵魂却好似沉入一片咸湿的海。

她被“茶花女”的爱情深深感动了，死亡过滤了记忆的苦痛，爱情拯救了现实的龌龊，玛格丽特成了她心中的落难女郎，让她疼惜不已……如同揽镜自照。

人生如此漫长，可以做一场大梦，任凭世事过耳，物我两忘；人生又如此短暂，尽可以浓缩在一方小小的舞台上，让人笑看沧桑与悲欢。

而在香奈儿看来，“茶花女”的人生就是一面明镜，她从中看到了交际花们的光鲜与不堪，看到了人心的狭隘与宽宏，也看到了自己的沉溺与挣扎。

她在想，自己这一生，到底能做些什么？

她不知道，多年之后，她会走向时尚巅峰，山茶花会一度出现在她的作品里，会征服无数女人的心，会成为“香奈儿”的私人标识和精神象征，就像一捧炽烈的雪，一朵爱情的香氛，高雅秀丽，洁白无瑕，不攀不附，不蔓不枝，绽放得孤独、自由、烂漫……

所以彼时，她只能默默地拭干眼泪，离开剧院，转身去往奥斯曼大道上老佛爷百货商城。

商城的巨型镂雕花圆顶让人叹为观止，里面更是金光碧色，彩辉夺目。人们流连在柜台前，犹如赴一场皇家的聚会，没有人会不享受其中购物的过程。

但香奈儿没有过多地在那里流连，她只是径直走向了帽子专柜，要了一箱基础款的帽子。

晚年时，香奈儿曾回溯过往，声称自己从未真正地爱过艾提安，一切都只是一种爱的幻觉。那么，那种爱的幻觉，又是在何时破灭的呢？

或许正是在第一次争吵之后。

她已经记不清具体是哪一天了，日复一日，年复一年，城堡里的生活日日灿烂却并无新意。她只记得，那一天，艾提安第一次对她发了脾气。而她只是告诉他："我要工作。"

她已经 25 岁了，必须为自己的将来做打算，她希望他可以借钱给她，在巴黎开一家女帽店，她想要独立的经济与人格。

"可可，你是不是在开玩笑，难道我养不起你吗？"艾提安正在为去波城猎狐做准备，脸上流露出来的是一种君主般的威仪。

"不，艾提安，我是认真的，我并不想让你养活。你也肯定想不到，我已经在你的城堡里，拥有了第一批顾客……"香奈儿郑重地望着他。

的确如香奈儿所说，她已经在城堡里制作出了她的第一批帽子。她把那些在巴黎买的基本款女帽装饰一番后，赠送给来参加罗亚尔聚会的女人们，而她们都表示很喜爱。而且，当埃米莉安娜戴着香奈儿装饰过的缎带款女帽站在赛马会的看台上时，已经有超过一打的女人来悄悄打听，她那简约别致的帽子是源自哪一位时尚设计师之手。

但艾提安无法理解，他历经半生，阅女无数，那么多的女人，有人向他要过钱，有人向他要过珠宝，有人向他要过名分，有人向他要过宠爱，唯独没有人跟他说，我要工作。

艾提安打断了她的话，语气明显有些敷衍："好了，可可，我敢说，等我们猎狐回来，你就会忘了这事……"末了，他还不忘提醒她，同时也是一种诱惑，"你也喜欢猎狐，不是吗？"

"是的。"她突然就感觉到了羞辱，但依然不甘示弱地扬起头骄傲地反击道，"但我更喜欢工作。"

"可可，你有没有想过，你的任性会让你付出代价。"

"世间任何事都要付出代价。"

"工作能为你带来什么呢？"不知为何，他生气了，声调骤然提高，又将一支猎枪狠狠摔在地上。

"一切。"

如果争吵是一场博弈，那么他们之间，并没有赢家。

他输了，输在用俗世之物激她诱她，而不是用慈悲之心爱她留她。输在一点点地将她推远而不自知，输在一点点地预感失去而自乱阵脚。

她同样输了。

输在她的心，感觉到了刺痛。爱情的表象终于被剥离，只有害怕受伤的人才会选择身披铠甲。

“山茶花，我灵魂的花朵，无香之花，自由而忧伤，洁白而孤傲……”那一天，他甚至没有发现，她的新帽子上多了一朵白色的山茶花。

而她却从他的眼中，看到了他们之间注定无法填补的隔阂，岁月漫长，人生苦短，他能给她锦衣玉食，现世安稳，但终是无法给她灵魂的珍爱和懂得。

为了钱去爱的女人，和因为爱获得财富，再创造出新的财富的女人，有着天壤之别。

05

卡柏男孩：带我走，我的爱

一场大雨过后，金色的阳光像浓稠的蜜蜡一般封存了比利牛斯山，山溪激扬，一路奔向平原，草地一望无际，翠色欲流，乳白色的雾气蒸腾在空气中，犹如纱幔涤荡。穹天湛蓝，澄映万物，山顶的皑皑白雪沉寂千年，正发散出迷人的光芒，胜过人间美钻……

1908 年的冬天，香奈儿跟随艾提安一行到达波城。

艾提安是这次猎狐活动的策划者，他邀请了多名好友参加，他们将在 13 世纪的古堡里畅饮葡萄酒，也将策马远足，在全欧洲最好的猎狐区享受狩猎的激情。

对于香奈儿来说，这却是一次定情之旅，是一个爱情故事最美的伊始，她将亲眼见证命运之门开启的奇妙。没有人知道，不久之后，她就会携手新的爱情，以新的身份步入时尚的殿堂。而多年之后，她又会携带爱人的遗愿，以一袭小黑裙，走向财富的巅峰。

但无论何时何地，她只要一想起与他的初遇，就会感受到那些因爱情而美丽的风景，以及古堡前那一段路过心上的马蹄声。

香奈儿说，她第一次见到他，就爱上了他。

他是她一生中唯一承认深爱过的人。

他是亚瑟·卡柏。

卡柏是艾提安在马球俱乐部认识的朋友，一位依靠运输业和采煤业发迹的英国富豪（也有传闻说他是某个法国金融家的私生子）。他能说一口流利的法语，外表俊朗潇洒，个性睿智从容，深得朋友们的喜爱，大家都叫他“博伊”，即“男孩”。他就像许多上流社会的男人一样，财富让他们可以尽情享受婚前的自由，而自由又模糊了年龄的限定，让他们更具魅力，青春无忧。但他又与众多富家公子不同，他拥有丰厚的家产，却从不耽于享受。他喜欢文学，并热爱他的工作。

无疑，卡柏是迷人的，他身上的种种特质都让他看起来与众不同。

以至于多年后，香奈儿还念念不忘那一天卡柏骑着马出现在她面前的样子，没有一丝凡俗之气的绝美面孔，含情脉脉的绿宝石一样的眼睛，嘴角露出的真诚微笑，带给她一生中从未有过的情愫与悸动。

香奈儿的马上英姿也同样让卡柏刮目相看。

几天后的篝火晚会上，他端起一杯葡萄酒走向她的身边："可可，你很特别，好像不属于这里。"

"是不属于艾提安吗？"她坐在一株参天的大橡树下，侧过头望向他，带着若有若无的挑衅。

"这一点，将取决于你。"他笑了，深邃多情的瞳眸泛起涟漪，像一枚星子沉坠于春天的静湖。

就着跳跃的篝火，她跟他倾诉了希望到巴黎开一家女帽店的想法。接着，她又叹息道："艾提安并不支持我，他认为我在胡闹。当然，我明白，这件事会让他有失颜面……但我还是会去做，这只是时间的问题。"

他拍拍她的肩，不再说话，眉目间若有所思。

她没有饮酒，却觉得世间最芳醇的美酒，也不及身边人令她神驰心醉——是爱情的味道吗？

最后，在返回房间时，他不经意地告诉她："可可，我明天就要回巴黎了……这几天，真是时光飞逝。"

而第二天，卡柏就在火车站的月台上，看到了可可。

“带我走，我的爱。”她拎着行李箱，向他走近。

他张开双臂，将她拥入怀中。

1913 年，漫画家塞姆曾创作了一幅漫画，定格了香奈儿与卡柏男孩之间的关系：卡柏骑在一匹马上，挥舞着胜利的马球杆，已经与马融为一体。香奈儿穿着一件低胸的粉红色礼服，不顾一切地投向他的怀抱，与他紧紧依偎在一起。

如漫画所示，勇敢追求爱情的香奈儿跟着卡柏去了巴黎后，卡柏就成了她生命中最重要的人，他给她依靠，给她温暖，给她最好的支持与关爱。她说：“没有人明白，他对于我的意义，他是我的父亲，我的兄长，我的家，我的整个生命。”

那么艾提安呢？

香奈儿从不承认自己爱过艾提安，但她始终都愿意感激他的慷慨与仁慈，是他为她打开了爱情的大门，也是他将她从贫困的泥淖中拯救出来，又给了她走向另一种生活的契机。

因为卡柏男孩的出现，他们不再是情人，但他们依然可以成为朋友，经常互赠礼物，相互往来，并将特别的情谊维持了一生——垂垂迟暮时，香奈儿的脖子上还戴着艾提安早年间送她的项链。

那一天，香奈儿追随卡柏男孩而去，仅给艾提安留下一张纸条：“艾提安，请原谅我的不辞而别，我爱上了卡柏男孩。”署名是：“永远感激你的可可。”

艾提安也的确伤心至极。他曾向人坦承，他的一生中只有两次不可治愈的伤痛，一次是在战乱中失去了他所有的马，另一次便是失去了可可·香奈儿。

不久后，难以忍受思念的艾提安追到巴黎，想试着挽回香奈儿的爱，甚至想要娶她为妻。但当他看到香奈儿的时候，他就明白了，他们之间已经再无可能，香奈儿脸上流露出来的那种光彩，他之前从未见过，或许那就是真爱的润泽，是两情相悦的幸福。

“你们真是天生的一对儿。”艾提安选择了祝福，与卡柏男孩一笑泯恩仇。失去了爱情后，他没有必要再失去友情。他随即颇具深意地表示，要赠送香奈儿一份小礼物，那就是香奈儿将享有他的巴黎公寓的免费使用权，且永远没有期限。

就这样，香奈儿最初的女帽工作室就定在了马勒塞布林荫大道的公寓中，艾提安是公寓的房东，卡柏男孩是她的担保人和出资人。

香奈儿的工作很忙碌，但忙碌让她感到充实，让她对生活充满了激情。她依旧选择了从老佛爷商城进货，然后用缎带和装饰品改装那些基础款女帽。

当时的女人们头上戴的大多都是圆面包一样的帽子，由夸张的羽毛、果实，还有各类繁芜的冠饰构成，仿若“宏伟的建筑”。但香奈儿并没有什么所谓的设计理念，她所做的一切都听凭内心和直觉，讨厌肤浅的漂亮，喜欢有内涵的奢华，有时仅是一个简单的缎带就为一顶帽子创造了新的生命力。这是她的天赋所在。

她也很快迎来了顾客。得益于她之前在罗亚尔城堡的慷慨，那些曾接受她馈赠的女客，包括埃米莉安娜在内的交际花，都愿意到她的店铺捧场。

不仅如此，那些来自巴黎上流社会的女士也都想来看看这位“小个子女人”“外省来的野丫头”，看看她究竟有什么魅力，能让卡柏男孩为她神魂颠倒。就像某位富家小姐当着她的面所说的那样，“我就是出于好奇……”当然，她们也不会忘记，在临走前为自己带走一顶“野丫头”设计的美丽女帽。

而对于这些，香奈儿总是表现得毫不介意。有时候，卡柏男孩会安慰她，但她说：“放心吧，亲爱的，嫉妒的眼神只会让我愈发自信。”

的确，自从与卡柏在巴黎成双入对之后，香奈儿就已经领教过太多嫉妒的眼神。

卡柏男孩对她太好了。

他细腻执着，懂得她内心深处的每一寸需求。

他用他的文化、财富和魄力，小心翼翼地呵护着她，像对待一件珍贵的瓷器，生怕她受到外界的伤害。

他赠她柔情蜜意，授她淘金秘籍，也会送她书籍和艺术品。

他不断训练她，激励她，发掘她身上的天赋和才能，教会她社交中的各种细微差别，与她讲述各个家族的故事和各种暗语，有时也会露出严格的一面，但总是带着优雅和温柔。

他给她最大的自由，也希望她变得更好……

有一次，卡柏带香奈儿去参加一个盛大的晚宴，香奈儿选了一袭白色长裙，并减掉了裙子上所有的配饰。结果，那条再简单不过的裙子却将她娇俏的脸蛋衬托得清纯又高贵，赛过了全场所有精心打扮的美人。

那些美人围住卡柏男孩："离开那个野丫头吧！"

但卡柏男孩说："你们还是锯掉我一条腿吧。"

她的脸红了，心间却渗出绵软馨香的甜蜜来，滋味竟是那般美得不可方物，近乎神性。

"可可，在我心里，你的美无人能及。"卡柏男孩对她轻轻耳语。

她也从其他女人的眼神里，看到了"一种未知的威胁"，她们望向她，无一不带着妒意。

然而她却愉快地想，那是一次成功的亮相。

有人嫉妒你，其实就是间接肯定了你。嫉妒，就是自叹不如。

香奈儿从未像现在这样快乐过。哪怕是她多年后成了全法兰西最富有的女人，她也再没有体验到这样的安然与快乐。

就在这一年的冬天，香奈儿迎来了人生中最为美好的时光。

她有了为天赋而打拼的事业。

一切才刚刚开始，一切将无限可能。

从贫民窟的小女孩到巴黎的女帽设计师，从嘉柏丽尔到可可，她一路逆流而上，忍受波折、痛苦和孤独，时间的蹉跎，终于争取到了属于自己的事业与爱情。

“卡柏男孩，他是我生命中的奇迹，他改变了我的一生。”

因为爱情，她将改变命运，将凭借自己的双手，走向新的生活。

而她也会一步一步地向世人证明，为了钱去爱的女人，和因为爱获得财富，再创造出新的财富的女人，有着天壤之别。

PART 2

姿态独立，便是优雅

我的生活不曾取悦于我，所以我创造了自己的生活。

——可可·香奈儿

大千世界，芸芸众生，那么多的女人都在幻想“获之以鱼”，而她却只想“获之以渔”。

06

独立的女人最有魅力

那是 1910 年的一个秋夜，霓虹已经点亮了城市，如天上的星河倒流人间，每一条街道都涌动着光芒。习习的夜风从塞纳河的源头而来，吹拂路人的脸颊，又像情人弥留在耳际的呼吸，浪漫又温柔。

这时，一对年轻的恋人出现在了人群中，其中女人的装扮很是引人注目，她戴了一顶黑色的男士礼帽，同样黑色的风衣下，宽松的白衬衫几乎掩盖了全部的曲线。同时，她也拥有一张娇俏的脸，在她仰脸望向她俊朗的恋人时，他的眼神则充满了爱意与柔情。

他们就是香奈儿和卡柏男孩。一路上，他们迈着轻快的脚步，牵着手附耳倾谈，正准备去圣日耳曼参加宴会。不过，相比卡柏的沉稳与冷静，香奈儿似乎看起来有些兴奋异常，倒不是因为即将开始的晚宴，而是她在当天下午，又从银行里提取了一大笔钱。

她忍不住大声告诉他："亲爱的，你知道吗，女帽店的盈利越来越多了，我只需要关心帽子的款式和设计，看来赚钱真是易如反掌的事情！"

她的脸上春花烂漫，呈现出少女的得意与虚荣，正期待着他接下来的赞扬。只是，她很快失望了，笑容凝结在了脸上，心头也遭受了猝不及防的一击。

她听到他说："可可，我想我有必要告诉你，其实，女帽店一直在亏损。"

她心跳加速，却不愿意相信："这怎么可能？我今天下午还取了一大笔钱。"

他点燃一支烟："是的，就是今天下午，银行给我打了电话，说你最近取的钱太多了。"

她的语气开始变得愤怒："银行为什么给你打电话？难道那些钱不是我赚的吗？"

"因为我用证券为你做了担保，那些钱……都是银行的。"

"那么，我给公寓买的那些家具，给你买的那些礼物，我每天开出去的支票，我身边的一切，依然都是你给我的是吗？"

他默认了，继而安慰她："可可，我没有想到，你的反应会是这样。但是你也要知道，这些对我都没有任何影响，我丝毫不介意。"

"我非常介意。"她扭过头去，不再说一句话。生活中那么多的苦难都不曾让她如此软弱，而那一刻，她好像全部的骄傲都被打败了。

到了晚宴现场，她的心依然阵阵绞痛，疼痛夹杂着羞愧与悲伤向她袭来，让她感到窒息。而且，晚宴越是热闹非凡，她就越觉得索然无味，甚至像是一种嘲讽——今时今日，此时此刻，她之所以被奉为座上宾，完全是因为她身边的这个男人。

于是，她夺门而逃。

不知从什么时候起，门外竟下起雨来，狂风席卷了城市，一道道闪电刺穿了夜幕，雨水砸在街道上，不合时宜地溅起一朵朵水花。她的心里也是一阵疾风骤雨，她本以为，自己可以不再需要男人的庇护，更可以守护好自己的骄傲，然而正是她的幼稚与轻狂，让她又一次活在了幻象之中，又一次落入依赖男人的窠臼。

这时，卡柏男孩匆匆追了上来，他喊着她的名字，让她停一停。

她停住，却将手袋迎面扔在他的身上。

"可可……你疯了吗……"他捡起手袋，疾步走向她，"我请求你，理智一点好吗？"

她不理会他，继续毫无目的地在街上乱走，雨越下越大，他们身上都淌着水，一直到康朋街的街角。她终于蹲下来，开始把头埋在手掌里，颤抖着肩膀，伤心地饮泣。

不知过了多久，她哭累了，倒在了他的怀抱里。他在她的耳边叹息着："可可，你太骄傲了，你会因此而受苦。"

他将她带回加布里埃尔大街的公寓，那是他们一起布置的家。

那一夜，她无比疲惫，却彻夜无眠。

"天上从来不会掉馅饼，每个人都需要亲自和面做出来给自己吃。"

她知道，从卡柏男孩告诉她真相的那一刻开始，她的人生就必须面临一次新的抉择。就像经历一次将自己打碎的过程，她必须重新锻造心骨，淬火而生，成为完整独立的女性，而不是一个除了自尊心，一无是处的女人。

所以，许多年后，在好友莫朗面前，她回顾起那个风雨交加的秋夜，也不免兴叹。她的人生若没有那次的成长，便没有后来的成功。

她说："我的骄傲让我明白，从那一刻开始，我无忧无虑的青春就已经彻底消逝了。"

的确，她曾经只不过想做一只蝴蝶，在鲜花盛开的园地里轻盈自在地飞舞，而如今，站在自尊心的悬崖边上，风雨如晦，世事劈面，她只能变成一只鹰，要么坠落深渊，与尘泥为伍；要么翱翔天际，与凌云作伴。

时间回溯到 1910 年 1 月 1 日，那是香奈儿第一家女帽店开张的日子。她选择了毗邻芳登广场的康朋街 21 号，卡柏男孩亲自为她挑选了店员，并为她垫付了此后八十年的租金。

“Chanel Modes”（香奈儿，时尚），成了她的店招——这一次，她野心勃勃：她，香奈儿，为时尚而来，为改变时尚，也为创立时尚，或者说，香奈儿就是时尚。

与之前在马勒塞布林荫大道一样，香奈儿在康朋街依然担任她的女帽设计师。但也仅限于此，除了设计女帽，她对于店铺的经营一无所知，对于成本，开销和利润，她都毫无概念。她只知道，自己每天都会开出去许多支票，而那些帽子的价格也可以完全凭心情决定。

就这样，店铺从第一个月开始，就出现了亏损。一直到秋天，去圣日耳曼参加宴会的那个晚上，香奈儿才从恋人那里知悉一切。

于是，第二天的破晓时分，香奈儿就从公寓出发了。晨光之下，她表情冷峻，步履坚定，犹如一名奔赴疆场的战士。

来到店铺，她召集了所有的店员，对她们严肃地说道：“我来到这里，就是为了创造财富的，而不是消遣，不是为了胡乱挥霍。所以，从现在起，没有我的允许，谁都不能为我担保，谁都不许乱花一分钱。”

对于这个店铺，这一块将为她构筑时尚帝国的基石，她再也不敢有丝毫的懈怠。

她需要认真学习如何经营店铺，卡柏男孩曾传授她的生意秘籍，此时都派上了用场——卡柏是个做生意的天才，从采矿业延伸到海上运输业，在他的经营下，他手中的资产已数度翻番。

香奈儿是个聪明的学生，而当一个聪明人具备了才华、天赋、资金、机遇，再加上十二分的努力，她的人生必将势如破竹。

从此之后，工作就填满了她的整个生活。大千世界，芸芸众生，那么多的女人都在幻想“获之以鱼”，而她却只想“获之以渔”。就像那么多的人都以为，香奈儿触摸过的地方都会变成黄金，但实质上，她不过是比任何人都要努力——一直到逝世的前一天，她都没有停止手中的工作。

然后，她又把自己打造成了“香奈儿”最好的模特。每一次参加高级宴会，她都会戴上自己最新设计的帽子，当那些贵族女子围绕在她身边，赞叹她非凡的想象力、独特的品位及帽子流畅优雅的线条时，她都会露出神秘的微笑，像抛出诱饵一样地轻轻说出那句话：“……请来康朋街 21 号吧。”

1910 年 10 月，香奈儿戴着自己设计的两款帽子，首次登上了当时巴黎最流行的《戏剧画报》，记者在内文中评论道：“可可·香奈儿的设计大胆又简约，即具有时尚性，又饱含内蕴，风格令人称赞。”

不久后，她再次登上该杂志的封面，成功引领了“香奈儿”女帽热的潮流。那些贵族、女明星和交际花也开始以戴上香奈儿设计的帽子为荣。1912 年，在由莫泊桑的《漂亮朋友》改编的话剧中，女主角嘉柏丽尔·多扎特头上的帽子就来自康朋街 21 号。

这时，人们已不再称她为“女帽商”，而称她“眼光独到的青年艺术家”。人们来到店里，也不再是因为好奇、怜悯，或是嫉妒，而是真正发自内心的需求和认可。

尽管如此，她还是要为自己制造一些神秘感。店铺里的客人越来越多，她却越来越不愿意见到她们。

她说：“我有一种预感，在店里见过的顾客都会失去。”

其实她非常清楚，无论是人们热衷于讨论她的私生活，还是钟情于她的设计作品，一切最终都会凝聚于此，成为口耳相传的品牌影响力——而她，正是品牌本身。而无论是事物，还是人，越是有距离，就越是有吸引力。就像天上的明星，如果失去了距离与光泽，那么又和普通的卵石有什么区别呢？

卡柏男孩曾在为香奈儿垫付租金的时候说：“可可，现在是‘你的才华，我的资金’，不过你放心，你一定会成功的，不久后，就会是‘你的才华，你的资金’。”

或许，他当时只是为了鼓励香奈儿，维护她的自尊，然而在不到两年的时间里，香奈儿就令店铺扭亏为盈，继而让他的设想变成了现实。

她真的成功了。

她终于实现了一直以来想要的独立。

在经济上，她再也不必依赖卡柏男孩，他在银行的担保成了摆设，因为康朋街的利润已经足以支付一切。她的资产、声望、魅力，都在一天一天地增长，她正在一步一步地变成真正的贵族。

在精神上，她可以守护好自己的脆弱和骄傲，可以拥有更多拒绝的权利，她成了自己的主人，尽可以做自己喜欢的事，爱自己喜欢的人，过自己喜欢的生活。

在爱情上，她则可以从容坦然地与卡柏男孩比肩而立，从此携手共进，相互成就。因为从一开始，她就明白，爱情不仅需要外貌、灵魂、才华的吸引，还需要财富、名声、地位的匹配。而让一份美好的爱情恒久远的，除了钻石、情话、真心，更需要彼此各方面的势均力敌。

时尚并不单指一件衣服，时尚停留于空气，诞生于清风。一个人可以凭借直觉感知它，它在穹顶之上，它在道路之中。

07

时尚，是一种心灵的状态

什么是时尚？

或许我们去问一百个人，就会听到一百种回答。

就像有人认为，时尚是光鲜的装扮、奢侈的欲望，是金钱和时间打造的上流人士的特权；有人认为，时尚是成为社交圈中的独特符号，具备时代感，符合流行度，有着标新立异的言行；也有人认为，时尚是征服异性，打败同类，展现自我的行径……

但香奈儿说，时尚是一道风景，是一种心灵的状态。

多元化的生活阅历，让香奈儿有机会接触到社会上各个阶层的女性，也让她对女性的着装需求洞若观火——如何让服饰表达你的向往和故事，继而唤醒内心；如何找到真正适合自己的服饰，并让自身大放异彩……她不仅改变了女性的穿着方式，更改变了女性的生活状态。

从此，时尚将不再是上流社会的专利，一个人的品位也将不再取决于地位，奢华与束缚被简约与舒适取代后，又将颠覆潮流，成就一种独特的风格和崭新的优雅。

1912 年，香奈儿开始尝试为一些戏剧演员设计服装。

譬如，出演《漂亮朋友》的女演员嘉柏丽尔·多扎特。这两位嘉柏丽尔曾在艾提安的城堡中有过一面之缘，而时隔多年，历经命运齿轮的运转，她们以各自的新身份在巴黎的高级宴会上再次邂逅，很快便成为惺惺相惜的朋友。

起先，香奈儿只是为多扎特的演出服提供一些意见——尽管多扎特的服装出自巴黎的时尚大师雅克·杜尚之手，但香奈儿也丝毫不留情面。她认为杜尚的设计完全是站在了设计师的立场上，而非客户本身，他将女性一层又一层地束缚起来，让她们成为蕾丝、貂皮、毛丝鼠皮、贵重面料包裹的器物，身体的线条和美感荡然无存。

她说："复杂的装饰，烦琐的花边，刺绣工艺，薄纱轻罗，繁复的色彩，让服装变成了一件华美的艺术巨制，长长的裙裾拖扫着尘埃，调色板的各种细微颜色变化把彩虹分解成了千万种精美的颜色，最终却使其枯燥乏味，空余矫揉造作之感。稀有变成了普通，富有平常得一如贫穷。"

然后有一天，她打开了卡柏男孩的衣橱，那些宽松的针织衫和运动装又让她情不自禁地感叹道："为什么女人不能像男人一样穿着呢？为什么大家非要穿着紧身胸衣，束身腰带，忍受着重重酷刑，挤压身上的脂肪？为什么女人们就不可以穿着运动衫，在街道上自由自在地奔跑；穿着轻薄的裙子，在舞台上展示优美的曲线？"

没有任何一条法律规定，女性的着装必须如此。她自己就是最好的例证——多年前，她曾突发奇想，穿上艾提安的白衬衫驰骋在马背上，其后，她又戴上卡柏的礼帽与他一同出席酒宴。那么现在，她同样可以在恋人的衣橱里寻找灵感，制作出解放女人身体，同时又让女人心动、男人倾倒的新一代服装。

"既然你喜欢，我想你需要一位英国裁缝来做你的帮手，他会让你的设计更优雅。"卡柏男孩对香奈儿的想法做出了一如既往的支持。

不久后，康朋街 21 号就开始兼营服装。

纸媒开始纷纷猜测，那么，香奈儿是要与欧洲的时尚大师们一争高下了吗？的确，在她的人生词典里，从来就没有什么不可以，无论是身份、时间和财富，还是名望——弃儿可以成为女帽设计师，青年艺术家也可以成为时尚大师。女帽店可以财源滚滚，服装品牌同样可以名扬天下。

多扎特成了香奈儿的第一位客户。

虽然由于经纪公司的原因，她最终没有穿着香奈儿的服装出现在舞台上，但她完全可以做主，穿着香奈儿设计的晚礼服参加她人生中最重要的宫廷晚宴。她没有想到，自己竟然成功引起了萨格勒布伯爵的关注，并在数年后成了伯爵夫人。

可见，香奈儿那件让她看起来“像个楚楚可怜的小天使”的白色吊裙，实在是功不可没。

1913 年，多扎特的朋友苏珊·奥兰迪则穿着香奈儿设计的女帽与长裙，首次登上了巴黎的时尚专栏。作为巴黎赫赫有名的交际花，苏珊的服饰一直是潮流的风向标，香奈儿为她提供的黑色天鹅绒长裙，在尽显曼妙身材的同时，可将她的气质衬托得冷艳而孤绝，但颈部白色轻盈的花瓣衣领，又让她看上去是那么的无辜与纯洁。她的那次亮相，不仅惊艳了大众的眼球，更直接有力地为香奈儿宣传了品牌。

香奈儿的服装生意越来越好了。

当年夏天，第一次世界大战即将到来，30 岁的香奈儿站在多维尔的马球看台上，观看卡柏男孩赛马时，她那与生俱来的先锋精神以及对时尚的敏锐嗅觉又告诉她，康朋街 21 号的规模已经无法匹配她的野心。一个崭新的计划正在她的脑海中生成，她要在这里——多维尔，英吉利海峡最美的风景区，让英法两国的富人们流连忘返的高级娱乐场地，进一步拓展她的财富领域，她要投资第二家属于香奈儿的精品时装店。

与此同时，卡柏男孩也在多维尔投资了他的马球俱乐部，他们在诺曼底酒店租了一间顶层公寓，尽情地享受战前的时光，碧海蓝天，青山鸥鸣，点点帆影，浪花如诉……一切的美好，都源自和平的馈赠。

西班牙画家索罗利亚·巴斯蒂达曾画过一幅《海滩漫步》，画中的贵族女子手持遮阳伞，身穿白色纱裙，裙边层层叠叠，在海风中轻盈飞逸。她的身后，正是“一战”前的多维尔海滩，碧蓝的海水温柔地起伏着，为画面的法兰西风情构成悠闲的背景。

曾几何时，香奈儿也是其中的一员。或许那一天，她就正牵着小狗，穿着自己设计的宽松衣裙，戴着毫无装饰的圆礼帽，漫步在海滨浴场的蜿蜒栈道上，为那些因穿着烦琐而不便下水游泳的女眷惋惜——那些烦琐的饰品扼杀了身体的线条，那些额外的负载压制着身体的结构，就像是热带雨林中的寄生虫，使树木几近窒息……

她说:“时尚并不单指一件衣服,时尚停留于空气,诞生于清风。一个人可以凭借直觉感知它，它在穹顶之上，它在道路之中。”

所以，继在恋人的衣橱里采撷灵感之后，她又在多维尔的天空下，在海滩的栈道上，在船舶远航时，在马球比赛中，捕捉到了新的时尚直觉——女人，就应该成为自由生长的树木，通过工作来养活自己，通过服饰来表达自己。一个人，就应该是服饰的主人，而不应该成为服饰的奴隶。

这一切，都是从打破思维的传统，解放自己的身体开始。

她发明了女性运动装以及宽松舒适的日常女装。

海员们的水手服，卡柏男孩的运动服，英国男生的校服，甚至记忆中的孤儿院的道袍，都是她的灵感之光。

她选择了透气吸汗又舒适整洁的泽西（jersey）面料来制作户外针织衫——而当时，这种面料只会用来制作内衣。还有与工人阶级紧密相连的法兰绒面料，也受到了她的青睐。而她要做的，就是打破面料阶层的界限。

“面料哪有什么天生的高低贵贱之分？每一种都可以成为最差，每一种都可以成为最好。”

她这句一语双关的时尚宣言，同样也是一句人生哲理。

世人如面料，有人因出生低微而明珠蒙尘，有人因出生尊贵而金玉其外。而现在，在她的设计领域里，她就是至高无上的主宰者，尽可改写各种面料的命运，就像她曾改写了自己的人生。

在版型上，她则放弃了腰部的束缚，塑造出了新的轮廓，试穿者们再也无须忍受紧身内衣的捆绑之苦，相反，她们全都体验到了年轻、轻盈、自由、奔放的感觉。

“像可可一样苗条！”她们惊喜地叫道。

于是，在 1913 年的秋天，这批服装就出现在了多维尔最繁华的街道——贡托·拜伦街香奈儿时装店的精品橱窗里。

不久后，这些服装又穿在了多维尔大街小巷的女人身上。

有一张照片，是香奈儿站在多维尔新时装店的门口，点起一支烟。

在袅袅的青雾中，她眯眼看着眼前涌动的人潮，就像看着盛世的旖旎烟云，表情却冷寂沉静得如同亘古的远山。

她或许已经知道，她的作品正在见证着一个世纪的灭亡、一个时代的终结，以及一种风格的远逝。

奢华在消泯，华美的欧洲即将在战争中成为没落的欧洲，巴洛克风情闪耀着最后的光影，正在没入最后的黑暗……一切都是西山落日，明日黄花，唯有属于可可·香奈儿的时代，已随着新的世界呼啸而来，并将旭日东升，永开不败。

战争让她获得了从未有过的财富，但都不及爱人在身边的珍贵和温柔。

08

战火纷飞，我们在同一片星空下

《小王子》里有一句话："如果你想造一艘船，不要抓一批人来搜集材料，也不要指挥他们做这个做那个，你只要教他们如何渴望大海就够了。"

香奈儿的生意经，其实与这句话有着异曲同工之妙，只不过她的目的不是为了造一艘船，而是为了建一个时尚帝国。

如果光阴流转，多维尔度假区的人们大概都会记得，1914 年，从明媚的春天到火热的夏天，有两位靓丽又时髦的姑娘，每次在香奈儿时装店上新之前，都会手挽着手，穿着最时尚的服饰，慢悠悠地绕城而过，然后在沙滩上停留，沐浴阳光和海风，以及游客们惊叹的目光。

而到了第二天，香奈儿时装店的新款就会被一抢而空。

这两位姑娘正是阿德里安娜和安托瓦内特。欧洲局势越来越紧张，战争已经无法避免，内克松应征入伍后，阿德里安娜便只能带着安托瓦内特来投奔香奈儿。好在时隔数年，香奈儿已有足够的能力来维护亲人们的周全。比如，为她的小姑姑和妹妹遮风挡雨；又如，寄钱给她的弟弟们，让他们在乱世中也可以过上体面的生活。

正值青春年华的安托瓦内特刚从穆朗的教会学校毕业，她出落得成熟而有风韵，且有着一张与姐姐茱莉亚极为相似的脸。只是，每次看到她那双无辜的大眼睛，香奈儿的心底就会涌起无限的悲凉与疼惜。

多年前香奈儿离开孤儿院时，安托瓦内特年纪尚小，茱莉亚却早早结婚，然而就像是复制了母亲的命运，茱莉亚嫁给了一个毫无责任心的男人，婚姻的苦痛犹如泥沼，历经无数次的绝望和身心折磨，她最终在 1910 年的某个冬夜，选择了自杀，死在了茫茫的大雪里。而她的丈夫，竟在她死后的第二天就卷走了全部的钱财带着情人远走高飞，就那样亲手把自己 6 岁的孩子安德烈变成了孤儿。

现在，阿德里安娜和安托瓦内特来到了多维尔，她们担任起了香奈儿时装店的最佳模特，但她们从来不主动向外人推销自家的品牌，她们时刻都牢记着香奈儿的指示，越表现得高冷神秘，就越能唤起人们的热情。可不是吗，在女人堆里，没有什么是比“秘密”更容易发酵的事物，而她们身上的品牌，就是她们的美丽秘籍，一个“公开的秘密”。

1914年8月3日，德国正式对法开战，一夜之间，巴黎沦陷，无数城堡在炮火中化为灰烬，就连几十里外的罗亚尔庄园也不能幸免。艾提安再次入伍后，德国人侵占了他的房产、土地，还有所有的赛马。而凭借独特的地理位置，多维尔却成了战火中的避难之所，一时之间，巴黎的贵族夫人们都来到此处寻求庇护，她们带着钱财和仆人简装上阵，在这个欧洲的夏日之都，一面享受着繁华的余晖，一面等待着和平的曙光。

战争摧毁了家园，就连人们的生活方式和着装需求也被迫发生改变。一切就像香奈儿预料的那样，前线的战火让多维尔的游客达到了史上最高峰，而她们却不再追求奢华与烦琐，相反，简约与舒适应运而生，以方便她们出游、行走，或是到医院担任志愿者的工作。于是，香奈儿时装店的休闲女服自然就成了不二之选。

这时，一位名叫戴安娜·德·罗斯柴尔德的女士也来到了多维尔，作为伯爵夫人，同时也是巴黎最具盛名和号召力的时尚人物之一。她对香奈儿时装店的光顾，将为香奈儿带来无法估算的利润和名望——她不仅要在“香奈儿”定制她全部的出行服，她那些包括芭拉公主在内多得数不胜数的上流社会的女友，也全部要在“香奈儿”重建衣橱。

当时一家杂志记载了香奈儿时装店的盛况——每天早晨，店外的遮阳棚下就会聚集一大批顾客、运动员、贵族夫人、艺术家……（作家兼外交官保罗·莫朗就是在这里认识了香奈儿。）他们自顾自地聊天，饶有兴致地讨论服装和战事，就像参加一个高级的沙龙，而香奈儿的那些导购姑娘则会陆续邀请他们入店，并向他们展示最新一季的定制服装，当他们付款后，她们又开始邀请下一批……于是，店内不断有人进入，店外也不断有人加入，双层人流源源不绝，最终汇集成人山人海。

香奈儿的魅力，再次征服了高级定制时装界。

除此之外，她还在不断地创新，欧洲第一件带衣兜的女式开衫、第一套女士下海的泳衣，都诞生在香奈儿的时装店。为此，她请了成批的女工为她工作，在战争的第一个夏天结束前，她就已经赚到了 20 万金法郎。

可见，战争的确对香奈儿的成功有着推波助澜的作用，但终究还是得益于她的魄力和眼光，所谓天时不如地利，地利不如人和。站在时代的风口浪尖上，她稳妥地抓住了局势造就的机会，也就发掘了财富的源泉。

当然，作为一对携手并进的爱侣，在战争中不断积累财富的，除了香奈儿，还有她的恋人卡柏男孩。

是年8月中旬，英国加入战争，卡柏应征入伍，在联军中担任骑兵营中尉。虽然看起来他是因为与法兰西第三共和国的总理乔治·克列孟梭关系甚密而凭空获得的军衔，但实际上，多年来他与政治家的交往，都将有利于他在战场上的发挥，同时，他也谙熟两国语言，有着敏锐冷静的头脑和雷厉风行的办事手法，这一切都让他的上级对他青眼有加。

据一名曾与卡柏并肩作战的英国人乔治·巴罗回忆，在马恩河战役中，联军节节败退，战场上到处血流成河，尸骨成山。他与卡柏奉命去收集德军情报，一路穿越子弹、河流和密林，却与一小队德军狭路相逢，最后还是卡柏用他的机智和英勇迷惑了德军，让他们成功地虎口脱险，并窥破了敌人的计划。

数年前在巴黎时，卡柏就开始有意与政治家们往来。他那年轻企业家的精神迅速打动了克列孟梭，两人成为忘年之交后，便时常约在一起讨论时局与经济。按照香奈儿的话来说，克列孟梭对卡柏的年轻才智有着一种来日无多的老人所独有的迷恋。这也难免让人猜测，卡柏在政治上一直有着不为人知的鸿鹄之志。而他在战争时，能够数次脱离军队往返英法之间，也是源于克列孟梭赠于他的特权，更有说法是，卡柏表面上被任命为“协约国国防煤炭委员会”的成员，实质上却是克列孟梭和劳合·乔治的密使，负责法国军方与英国政界之间的信件往来。

无论世人怎样猜测卡柏男孩的多重身份，但让所有人都能达成共识的就是，卡柏是一个聪明人，也是一个生意人，即便身在战场，他也能为自己在英法之间的煤炭运输业运筹帷幄，决胜千里。因为战争让煤炭空前紧缺，而仅在一年之内，他就利用船队赚到了 200 万金法郎。

1914 年圣诞节前夕，前方战势稍一降温，香奈儿就迫不及待地带着阿德里安娜和安托瓦内特回到了巴黎。香奈儿太希望与卡柏男孩重逢了，阿德里安娜也想第一时间得到内克松的消息，至于安托瓦内特，她接下来将为香奈儿坐镇巴黎总店，并成为姐姐培养的得力助手。

这时的巴黎已经完全成了一座由女人、孩子和老人组成的城市，男人们都上了战场，他们在炮火中高声歌唱："坟墓万岁，死亡为我壮行……"残酷的战争，每天都会让巴黎数不清的女人变成寡妇……于是工厂里，便出现了第一批穿着蓝布衣衫工作的妇女，她们必须像男人一样劳动来养活自己，而康朋街 21 号的舒适女装，正好可以契合她们的日常所需，就像香奈儿所说的，她的作品满足了那个时代的需求——"时尚，就是诠释时间，地点"。

她在巴黎的生意，同样因为战争的到来而变得愈加红火。此时的她却无心庆祝事业的成功，在没有得到确切的平安消息之前，她每时每刻都在为恋人的生命担忧。

卡柏男孩曾在战斗机的轰鸣声中给香奈儿写信：

日复一日，唯一能支撑我的力量，就是你在这个世界上。我想象着，你起床、呼吸，自由自在地穿行于街道里……每当我想念你的时候，就会仰望天穹，虽然你离我很遥远，但我们仍在同一片星空下。

那封信香奈儿一直珍藏着，在那个战火纷飞的年代，人活在世界上，每一次见面，都可能成为永别。一封家书不仅有着万金的情义，更能成为生命里的珠光，可以支撑一个人在暗夜里走很远很远的路。

圣诞节的那一天，香奈儿终于收到了生命中最好的礼物，那就是卡柏男孩从前线归来，站在了她的面前。

"我从未如此渴望，渴望拥有你的温柔。"

他们在漫天飞舞的大雪中久别重逢，静静相拥，就像隔了一个世纪那么久。

而她也从未如此渴望过和平，渴望岁月安宁。

虽然，战争让她获得了从未有过的财富，但都不及爱人在身边的珍贵和温柔。哪怕让她付出青春与资产，她也愿意用所有来换眼前的这一刻。

放眼世间，也只有对卡柏男孩的爱，才能成为她的软肋。

09

第一个开劳斯莱斯的女人

1917年时，香奈儿再次向世人表明了她的先锋精神，她剪掉了自己的长发，并买了一辆劳斯莱斯当座驾——从此，她身上的标签又多了两个："20世纪初的短发时尚的引领者"和"第一个开劳斯莱斯的女人"。

其实早在几年前，法国的另一位传奇人物科莱特夫人就留起了短发。科莱特是香奈儿的顾客，也是法国国宝级的女作家，她一生率性不羁，追求自由，从不肯屈服在世人的看法下。然而，就在1903年，她剪短头发后，为了安抚震怒的家人，也不得不假装是因为失手打翻油灯才烧掉了长发。

科莱特曾用"一颗小公牛般的心脏"来描述香奈儿的骁勇和

活力，同时也表达了她的钦佩之意。在那个年代，女人留短发显然是不被大众接受的，而挑战传统正是香奈儿的一贯风格——当意外爆炸的热水器烧焦了她“黑貂绒般的头发”时，她干脆抄起剪刀，把尚可补救的发型剪成了齐耳短发。而当旁人问及原由时，她却说道：“因为我喜欢。短发有利于我的工作。”

短发的香奈儿确实美极了，她登上了杂志封面，新发型为她增添了利落干练的味道，又让她呈现出清静优雅的气质，她看起来就像一位尊贵的皇家公主。“所有人都因此而陶醉。”她回忆道。人们说她像个“小男孩儿”“小牧童”——很快，这样的比喻便成了女人们都想获得的恭维。

不过，外界对她还有另一类称呼，譬如，“大人物”“女王香奈儿”——她买了一辆劳斯莱斯，还请了司机和男仆，每次上下车，都是气场十足。

保罗·莫朗在当时的日记里写道：“可可成了一个大人物，永远那么忙，那么时尚，那么让人惊叹。”

她有参加不完的宴会，有做不完的生意，人们将看到她眼神里流露出来的睿智和自信，她的工人们也全都愿意臣服于她的风雷决策和至上权威——她严格、强硬、不留情面，却又慷慨、勇敢、才华横溢。

“她是我们的女王。”她当时的领班玛丽·露易丝·德蕾说。

但显然，这些称谓和标签都不是香奈儿的全部。

譬如在卡柏面前，她可以与他策马红尘，也可以陪他叱咤风云。她是他心底的解语花，也是他行走于世的铿锵和柔软。在回忆里，念及他对自己的恩情与爱，她的脸上，总是充满了深情与感激:“卡柏,他想将自己生活中所缺少的快乐,全部留下来给我。”

1915 年初夏，前方战事暂缓，卡柏男孩再次回到巴黎，同时给阿德里安娜带来了内克松的平安信。

几天后，卡柏匆匆处理完工作，就马不停蹄地带着香奈儿前往比亚里茨度假，尽情享受二人世界。和多维尔一样，比亚里茨也是一处有名的度假胜地，它位于大西洋沿岸，西班牙边界，毗邻比利牛斯山，其奢华吸引了成批的西班牙皇室成员。而比利牛斯山正是他们第一次见面的地方，也是命运之门悄然开启的地方。

比亚里茨的景色非常唯美，充满了浪漫的激情，蔚蓝的海岸线上凉风习习，情人呢喃，星河入水，满船清梦。这里也非常奢靡，有酒吧、赌场、私人游轮、有沙滩筵席和通宵舞会，空气中升腾着火热的西班牙风情，在弗拉明戈的弦歌中，人们来到这里，或舒缓神经，或寻找快乐，或滋养爱情。于是，有人看到了风景，有人看到了风情，也有人看到了商机。

“我要在比亚里茨开一家时装公司。”

地属西班牙的比亚里茨，因国家中立的态度而免遭战争之苦，所以除了西班牙的游客之外，很多欧洲的贵族也来到这里寻求安宁。香奈儿把她的想法告诉了卡柏男孩，说她看到了潜藏的商机。

而且，这将不仅是一家时装公司，也是一家时尚沙龙，是名流的聚集场所，也是打开西班牙销路的源头。**她以为卡柏会吃惊，但他好像早就预知了一样，还称赞她非常有勇气——他完全可以感同身受，在对待事业的态度上，他们是同一类人。他们从中获得财富，实现自我的价值，更会从中体验到一种难以言说的上瘾式的快乐。**

那么这一次，香奈儿是否能够超越多维尔的成功呢？毕竟这里的规模要比多维尔大得多，所冒的资金风险也要大得多。但似乎每一个生意人都是冒险家，而香奈儿有了卡柏男孩的加持，一切又将如虎添翼。

就这样，是年 7 月 15 日，香奈儿的第三家店铺就开始筹备了。

卡柏男孩用他实业家的眼光为香奈儿的公司挑选了一处绝佳位置，那是一座私人城堡，面临当地人气最旺的赌场，风景优美的沙滩近在咫尺。

香奈儿重新设计了城堡风格，让她的时装公司看起来像一座皇宫，而她挂在这里所有的衣服都会身价不菲。从几十法郎的日常休闲服装，到售价几百法郎的宴会晚礼服，或许正是从那个时候开始，她有了让“香奈儿”成为国际品牌的志向。

香奈儿派遣安托瓦内特来担任新公司的经理。阿德里安娜则留在巴黎，继续等待内克松的归来。香奈儿还请了一位名叫玛丽·露易丝·德蕾的年轻女孩做领班。德蕾有丰富的服装加工经验，也有足够的能力带领一百余名缝纫女工为顾客们服务。

但德蕾她们只负责接待顾客和赶制订单，其他的一切都是香奈儿亲力亲为，蕾丝、饰品和颜色，她都要自己挑选，她也总是能选择出最漂亮的色彩。

很多年后，德蕾还记得那种动人心魄的盛况，在她们的车间深处，香奈儿穿着简洁又时髦的高领套衫——她的最新作品，杀伐立断，指点江山。

通常，她的指间都会夹着一支烟，香烟就像是她披甲上阵的武器，能让她头脑冷静，成竹在胸。那些迷人的布料全都来自里昂和苏格兰，卡柏男孩在那里为她找到了最好的染工，他们能用菘蓝染料制造出世间最绚丽自然的色彩。而香奈儿，她将会把那些色彩变成每个女人渴望拥有的梦境。

“我决定用廉价的毛皮代替昂贵华丽的皮草。我再也不从南美洲订购毛丝鼠皮，再也不从沙俄订购紫貂皮，我开始使用兔皮……我从批发商那里订购自然色颜料，我想让女人们顺应自然，服从生物适应周边环境的法则。为何不能在草地上穿一件绿裙子呢？”

对于时尚，香奈儿永远有着新颖独特的态度。她曾在多维尔改变了泽西针织面料的命运，现在，这种面料又将继续在比亚里茨发扬光大，继而俘获整个时代。

这年秋天，美国的《时尚芭莎》杂志刊登了香奈儿设计的新作，一套泽西面料的裙装，简约的 V 领勾勒出颈部的曲线，紧致的袖口看起来更为干练时尚，飘逸的围巾代替了腰带，又保留了女性的风情，摒弃了曳地裙摆，让模特露出脚踝，仿佛步步生莲。编辑在图片下附言："可可·香奈儿设计的宽松连衣裙，轻盈迷人，令人赞叹。"

订单如雪片般飞来了。那些来自西班牙各地的客户不约而同地声称，在"香奈儿"获得了无可比拟的时尚体验，他们热爱这种新兴的，同时也是永不过时的服饰："如果一个女人的衣橱里没有一套香奈儿的衣服，那么她就落伍了。"

流行稍纵即逝，唯有经典永不过时。而服饰的美感和永远不能脱离真实的情感，无论时代怎样变幻，这个本质都不会改变。

于是，到了 1916 年初，在巴黎、多维尔和比亚里茨，为香奈儿工作的人，已经超过了 300 名。

可可·香奈儿成了大名人，成了时尚界的领军人物。她成功了，重新回到了巴黎。这时安托瓦内特也和阿德里安娜交换了阵地，安托瓦内特将接管比亚里茨的公司，阿德里安娜则留在巴黎，等待内克松的归来。而康朋街每天都有许多人慕名前来，希望能一睹可可的风采——正是从那个时候开始，她开创了另一种时尚，让时装设计师成为高不可攀的明星。

只有她和卡柏男孩站在一起时，人们才会从她的眼神中捕捉到那种稍纵即逝的少女般的恬淡与依恋。

不过，那时的她还不知道，很多年后，人们提起卡柏男孩，第一时间想到的，将不会是煤业大亨、马球运动员、骑兵中尉、英国外交官，或是文学作家（1917 年春天，卡柏出版了一本《关于胜利的思考》，建议全欧洲形成联盟，并邀请中立国加入，以自身的强盛来维护永久的和平），而是——可可·香奈儿最爱的情人。

在小外甥安德烈面前，香奈儿又从未吝啬过母性的温柔。

她曾在风雪交加的夜里，将 6 岁的男孩带回巴黎，并承担了所有照顾他的责任。她爱他怜他，将他视为亲生的孩子。不久后，卡柏男孩便成了他的教父，又将他送到英国最好的寄宿学校就读。

半个世纪之后，安德烈还记得，他与可可姨妈一起度过的美妙时光，以及卡柏对他的关爱与慷慨。

1917 年冬天的一个傍晚，香奈儿开着她的劳斯莱斯，带安德烈去塞纳河边游玩，工作的忙碌让她的脸上呈现出了疲惫，但看着安德烈，她的眼神里又布满了温情。

一路上，他都在说话，他非常乐意跟姨妈提起学校里的事情，那些有趣的事，总能让她开怀大笑。在他心里，姨妈是个了不起的人物，而她又对自己宠溺有加，这一点常让他觉得感恩和骄傲。

夕阳慢慢倾斜，余晖落在他的眉睫上，仿佛带着神性的恩泽。这时，他看到了塞纳河上运煤的船队，不禁兴奋地喊起来："姨妈，我看到了咱们家的船！"

她莞尔，随后又纠正："那是卡柏的运煤船。"

“那就是咱们家的船！”13 岁的男孩子执拗地表示，“因为，卡柏早就告诉我了，他会和你结婚的。”

她突然不再说话。

他其实从未向她求过婚。

尽管他们的感情胜过了世间任何一对夫妻，尽管他几乎给了她一切：时间、金钱、爱、梦想、尊严……但是，她比任何人都明白，他们也许永远都不会结婚，她永远都不会成为卡柏的妻子。

他曾对她说过：“我爱一个人，就不会和她结婚。”他看过太多不幸的婚姻，认为真正相爱的两个人根本不需要一纸婚书的约束。

小小少年的无心之言，竟让她陷入了沉思。

虽然已经过了将一句话当承诺的年纪，在世人眼里，她也早已刀枪不入，百毒不侵，但那一刻，安德烈的话还是不可避免地刺痛了她。

的确，放眼世间，也只有对卡柏男孩的爱才能成为她的软肋。

而她想要的幸福是什么呢，无非是成功的事业、美满的爱情、独立的人格、坚韧的个性和自我成就的尊严，以及年年的今日，岁岁的今朝。

10

他要结婚了，而新娘不是她

通常，一个人晚年时的回忆，总容易在时间与空间的维度里迷失。很多事件会因为耽于美好，仿佛重温春花旧梦，昔日音容近在咫尺，香息可闻；很多事件也会因为耻于相认，而被意识涂改了本来的面目，乃至渐渐模糊，慢慢陌生，永远遗忘。

对于晚年的香奈儿来说，她检视往事里的风月与山河，最不愿意遗弃的记忆，就是与卡柏男孩一起度过的时光。

她说："那时，我们住在加布里埃尔大街的公寓里，幸福的日子，一天一天过去……"

窗外车马沸动，她独自沉吟，如同安静古老的呓语。所有的故事都匍匐在她的皱纹里。岁月是一场万里长梦，她又怎能忘记，那时的月色与清风，正把他们一生的柔情蜜意，浓缩在房间的每一寸空气中。

而现在，美人迟暮，良人逝去，唯有她身边的乌木漆面屏风，还依然屹立着，呈现出旖旎的东方秘境，就像时间的海市蜃楼——晨曦日影，凤凰于飞，山溪潺缓，晶莹剔透的白茶花怒放于枝头，令人目光潋滟，犹似多年前。

1918 年的春天，战争还在继续，巴黎上空依旧硝烟弥漫。

这一天上午，德军的远程大炮再次袭击了巴黎，人们四处逃散，不免内心惶惶。而香奈儿的康朋街店铺里，却正在进行着一场时装走秀。

这是她首次使用真人模特来诠释新作，当那些纤瘦美丽的姑娘穿着她设计的春季服装，行走在金碧辉煌的沙龙里赢得在场所有的掌声时，她不禁露出了满意的微笑，她知道自己又为时尚创造了一种新的展示形式——这种沙龙式的模特走秀，也将成为 T 台走秀的源头。

当时，卡柏最爱的姐姐柏莎也在观众席中，她事后回忆道："在炮火的轰鸣里欣赏时装秀真是一件伟大的事情，神奇的是，街道上轰炸的节奏正好配合了模特表演的节奏。那些模特和观众居然没有一个离开的，想来是香奈儿的个人魅力，让人心免于涣散。"

香奈儿亲自坐镇康朋街，的确足以稳定军心。

在旁人看来，她总是可以高瞻远瞩，当机立断，并有能力应对好突发的一切，将局面扭转到对自己有利的状态。比如在丽兹酒店的地窖里，她就想到了用库存的男士睡衣给那些躲避炮火的有钱人充当临时避难服，并成功引领了新鲜一时的睡衣时尚。比如在康朋街的精品橱柜里，她又推出了镶边丝绸套装，每件售价5000 法郎，依然让人趋之若鹜。

作为设计师，她似乎变幻无常，又似乎始终如一，风格、面料、用途可以随心所欲，但优雅、舒适、实用却是恒定的品牌精神。对于时尚与商业，她也有着自己的一套法则——衣服不同于剧作，不同于油画，它是昙花刹那间的迷人创作，而非艺术品。我们尊崇潮流，但潮流必须稍纵即逝，这样才能确保商业的生生不息。就这样，变幻的潮流产生了时尚，时尚即是短暂而完美的东西。

异于常人的睿智头脑，让香奈儿即便身处乱世也能持续盈利，财富暴涨。这一年，她不仅花 30 万法郎买下了比亚里茨时装公司的别墅，还将巴黎的店铺扩充到了康朋街 31 号——从此之后，这里将成为香奈儿品牌的总部、时尚朝圣者的殿堂，以及与埃菲尔铁塔齐名的地标性建筑。

是夜，巴黎的天穹星河璀璨，寂静的城市却显得沧桑而疲惫，留守在这里的人们，将带着伤痛和劫后余生的庆幸继续生活。

是夜，也有亲人相聚，爱人重逢。卡柏男孩从前线回到巴黎，柏莎来到加布里埃尔的公寓，与这对情侣共进晚餐。房间里，厚重的白色地毯隔绝了窗外的硝烟，水晶灯在乌木漆面屏风间投下梦幻的光芒，空气里散发着温馨浪漫的气息。当仆人们把一道道精致的菜肴端上餐桌时，香奈儿便以女主人的身份盛装出现，带着诚意满满的仪式感。

“她看起来非常年轻，身材苗条，皮肤细腻，健谈，有修养，微笑的时候，令人心醉不已。”可见，柏莎对香奈儿印象很不错。只是，自始至终，她都没有考虑过，那个令她心醉不已的女人会不会成为她的弟媳。

而无论香奈儿的事业如何成功，她的内心如何强大，也不能磨灭她希望成为卡柏妻子的事实。

不过，那时的她总以为来日方长，她有的是时间等他，陪他，爱他，哪怕一辈子不结婚，只要有他在身边，也是另一种意义的完满。

就像她设计的香奈儿品牌标识，背靠背交织在一起的双 C，代表了可可（Coco）与卡柏（Capel）的关系，他们是灵魂相系的恋人，也是密不可分的盟友。

所以，只要卡柏回到巴黎与她团聚，她就会觉得满足。空闲的时候，他们就那样待在公寓里，看着窗外夜色由淡转浓，时间如鸟翅滑过眼眸。

这时的卡柏已经在准备他的第二本书了，关于女性的新地位。**这一场战争，不仅是男人前线的战争，同样是女性生活的革命。战时的全民动员曾一度让工业陷入瘫痪，为了恢复运转，女性便**

成了生产的主力军，她们获得了收入，也就获得了地位和自由。更有一些女性，成了独立的代言人，她们有体面的工作，有男性不可替代的技能，她们是新时代女性精神的引领者——显然，香奈儿就是最好的范例。

每当卡柏写作时，香奈儿就会在一边安静地看书。学习是一种能力，她则将这种的习惯保持了终生。

房间里，窗纱雪白轻盈，如欲乘风归去。高大的英国银质花瓶里，盛着素净的花朵。她最喜欢的，还是在古老的乌木漆面屏风下阅读。

乱世之中，心安尤为可贵，光阴流逝，如端坐林泉幽谷。那些来自中国的乌木屏风，全都是卡柏的收藏品，也是他的最爱。乌木，一种东方神木，历经沧海桑田，千万年的时光，在地底碳化而成，承天地灵气，聚日月精华。屏风上的装饰则巧夺天工，山川鸟兽，嘉木楼阁，烟霞深处，隐隐仙家，无不栩栩如生，让人叹为观止，仿佛置身迷幻绮丽的异域时空。

现在，她也喜欢上了这种美妙的工艺品，不管是一见钟情，还是爱屋及乌，总之从此之后，她无论住在哪里，都会布置上乌木屏风。

这样的日子，倒是给香奈儿创造了一种“大隐隐于市”的遁世式的幸福。

世人只知她那力争上游的铮铮傲骨，却不知她所眷念沉迷的脉脉柔情。

而她想要的幸福是什么呢，无非是成功的事业、美满的爱情、独立的人格、坚韧的个性和自我成就的尊严，以及年年的今日，岁岁的今朝。

生而为人，欲望满身。

却也正是这满身的欲望支撑着她，从泥淖里把自己拔了出来，然后一步一步，走到了今时今日。

然而，世上好物皆不固，彩云易散琉璃脆。

卡柏很快又要上前线了。临别之时，他安慰香奈儿说：“请相信我，我们已经胜利在望，我一定会平安归来。”

香奈儿怎会不明白，多上一次战场将意味着什么。“战争就是一场恐怖的屠杀，是无尽的厌烦，无尽的疲惫，无尽的恐惧，轮番交替交织。”可是卡柏说，他必须前去，这是家国责任，他也无能为力。

1918 年 9 月，随着大批美军的加入，战局终于稳定下来，协约国已经胜券在握，德国被迫协议停战。四年的时间，数百万将士血洒疆场，无数人伤残终生，如今，终于换来了和平。

消息传到巴黎后，无数人走上街头相拥而泣，大家想尽一切办法排遣积压的恐惧，享受经历战乱还能活下来的喜悦。

在战场上幸存下来的男儿们都成了英雄。巴黎迎来了一次结婚的热潮，堪比全民对胜利的庆典。

艾提安回来了。他又成了罗亚尔的主人，但经历过战火的洗劫，他的庄园和马队再也不复往昔的荣光。

内克松也回来了。阿德里安娜终于守得云开见月明，她成了内克松的未婚妻，即将进行他们的环球订婚之旅。

那么卡柏男孩呢？

那个让香奈儿日日夜夜担心挂牵的人，此时又在哪里，他还会像从前一样，一离开战场，就第一时间回到她的身边吗？

她曾在古老的安康圣母教堂为他虔诚祈祷，曾跪在一千根蜡烛中间，向圣者诉说她的思念。而在此之前，她从不信仰宗教，也不相信世间有神灵。

现在，她的内心时刻都在忍受着煎熬，她已经很久没有收到他的来信了，也没有人告诉她，卡柏去了哪里。他们只知道，他曾被派遣去执行一项秘密任务，之后就音讯全无。

直到是年 10 月中旬，卡柏才回到加布里埃尔大街的公寓，回到那个他们一起布置的“家”。香奈儿不禁喜极而泣，然而他带给她的消息却是，他马上就要结婚了。

他要结婚了，而新娘不是她。

刹那间，她的心就从喜悦的云端跌进悲伤的谷底，她突然就明白了，这才是他迟归的真正理由。

她不知道，那天她是如何离开公寓的。

的确，如果没有卡柏，也就没有时尚大师香奈儿。这些年，她一心独立，步步为营，只为心安理得配上他的好，却怎想到，要以如此心碎为代价。

多年后，她才敢回忆那一刻，犹如摘心之痛，双眼一黑，意识出现了真空，过了很久，她才意识到，她最爱的人要结婚了，而她却忘了送上祝福。

戴安娜·温德姆，时年 25 岁的英国美人，男爵爱德华·尼布尔斯达尔最小的女儿，一出生就拥有世袭爵位的贵族女子。在战争中，她失去了丈夫和哥哥，而她自己也在战场上担任红十字会的救护车司机。

戴安娜与卡柏本就是旧友，几个月前，他们重逢于阿拉斯前线，在战火中，他们又将友情转变成了恋情。戴安娜娇柔的目光与纤弱的身姿，总能激起男士们的保护欲，卡柏也不例外。

战争结束时，他们的感情已经密不可分，并很快谈婚论嫁。但戴安娜的家人最初并不愿意接纳卡柏："你真的要嫁给那'半个法国人'吗？"可见，卡柏是私生子的传闻，还是给这段婚姻带来了阻力。不过，在戴安娜的坚持下，他们还是如愿以偿了。

是年 10 月底，卡柏与戴安娜在英国低调完婚。遗憾的是，戴安娜的父亲并没有出席婚礼，证婚人是戴安娜的姐夫洛瓦特勋爵。但无论如何，世人都将承认一个事实，那就是卡柏成了洛瓦特勋爵的妹夫，成了贵族家庭中的一员。

“我爱一个人，就不会和她结婚。”如果说卡柏男孩当初是出于政治上的野心，才迎娶的戴安娜——同时，他还可以通过与贵族的联姻，来抹去自己“私生子”的身份，那么接下来，婚后的种种不可调剂的矛盾——譬如未经磨合的生活方式和扑朔迷离的感情世界，卡柏一直心怀二意，戴安娜也秘密地与前男友重叙旧情，都将让他意识到，他犯下了一个不可饶恕的错误，他离不开香奈儿，又必须应对戴安娜，每天都是身心憔悴，已经临近精神崩溃。

而这时的香奈儿早已搬出了卡柏的公寓，在朋友的帮助下，她在巴黎郊区找到了一座风景清幽的别墅。那里绿树成荫，芳草鲜美，足以修复她那千疮百孔的灵魂。

但现在，卡柏又出现在了她的面前。他带着满心的愧疚和疲惫，来请求她的原谅。她拥抱着他，眼泪奔涌而出。

那一刻，他才知道，香奈儿并没有他想象的那么坚强，戴安娜也并没有他想象的那么柔弱。

他们重归于好了，就像从未分离。

只是，时光醇酽，世事苍凉，他们必须接受，爱情中最大的讽刺，就是两人依旧可以心手相牵，同床共枕，而他却亲手在道德之间，为彼此划下了一道银河。

斯人已逝，爱的天空，从此星辰陨落。

11

我要让全世界的女人为你穿上黑裙

黑色，宇宙的底色，万物的归宿，整个色彩世界里的主宰。

黑色象征着悲伤、庄严、孤独，也代表了神秘、高雅、力量。

如果要用一种颜色为“永失我爱”的悲痛命名，那么黑色无疑是最好的选择。

1919 年 12 月 22 日的午夜，天色暗沉，风雪如晦，香奈儿的别墅外突然响起了急促的门铃声。

当管家披衣打开大门时，才看到来人脸上有掩饰不住的哀伤。他是卡柏的朋友莱昂·德·拉博德，他表示，必须马上见到香奈儿小姐。

而这时，香奈儿已经出现在了楼梯上。

“她穿着一套白缎睡衣，头发凌乱，站在楼梯上，单薄的身影像一个少年。”多年后，拉博德回忆道，他一直记得，香奈儿听到卡柏出车祸身亡后那一刻的表情，她的脸痛苦地抽搐着，浑身战栗，眼神骤然空洞，眼睛里却没有一滴眼泪。但紧接着，她就匆匆上了楼，迅速整理了一个小包，请求拉博德把她送到卡柏出事的地方。

于是，他们连夜驱车一千公里，终于在23日的黎明时分到达了蔚蓝海岸——当时，卡柏正开着他新买的敞篷车，赶往戛纳去与柏莎共度圣诞节。而出事的前一天，他还在她的怀抱里诉说生活的不幸，他有多么憎恨自己的选择，又有多么不愿与她分离。

“你不知道，你对我的重要，你是指引我生命的光。”这是卡柏临行前在香奈儿耳边说过的话。

然而仅隔一天，便成生死遗言。

香奈儿在蔚蓝海岸的皇家酒店里见到了柏莎。柏莎看起来非常憔悴，她曾是卡柏生前最爱的姐姐。一年前，柏莎在卡柏的精心铺排下，“嫁”给了一位勋爵的弱智儿子，以名誉婚姻的形式，换取了尊贵的身份和一生享用不尽的资产。香奈儿则为她亲手设计了婚纱，现在，她用卡柏姐姐，同时也是米歇尔汉夫人的身份，接待了香奈儿。

遗憾的是，香奈儿还是来晚了一步，她没有见到卡柏最后一面。柏莎含泪告诉她，卡柏的遗体已经入棺了，因为在车祸中，汽车的轮胎爆炸了，他翻了车，身体被烈火烧得面目全非。

香奈儿极力克制住自己的情绪，又请求柏莎的司机将她送往车祸现场，她要去看看那个令他丧生的地方。

她看到了那些烧焦了的汽车残骸。沿海的公路边，空无一人，冷风呜咽，她抚摸着那些残骸，就像抚摸着恋人的身体，一遍又一遍，悲痛到哽咽。

什么是爱？

爱是一步一叩首的山脉，是一生一回眸的汪洋，是七情六欲、人间五蕴，是你赠我天穹，我却独爱你这一颗星。

可是，爱终究不能感天动地，也不可起死回生。

但若无爱，生来何欢？

若有爱，又如何免于长哀？

最后，她终于忍不住瘫坐在地上，捧住脸开始恸哭，眼泪狂涌不止，几近晕厥。

24 日，伦敦《泰晤士报》的平安夜专版报道："大英帝国勋爵，骑士荣誉军团获得者，亚瑟·卡柏中尉已在车祸中丧生，其隆重的军葬礼将于 1 月 3 日中午举行。"

接着，《纽约时报》又发表了一则"英国外交官遇难"的新闻："亚瑟·卡柏，劳合·乔治之友，战时协约国战争委员会政治秘书，在途经蔚蓝海岸时遭遇车祸不幸身亡，车上的一只轮胎爆炸后飞离车身……卡柏先生是英国首相劳合·乔治的密友。”

在巴黎，克列孟梭则向媒体表示了他的悲伤与惋惜：“卡柏先生是我最挚爱的朋友，他的英年早逝，是我的悲痛，他太优秀了，注定是这个世界的损失。”

而从蔚蓝海岸回来后，香奈儿就命令仆人在她的房间里挂满黑纱。那些乌木屏风都是卡柏生前送过来的，但现在，全都成了他的遗物。

斯人已逝，爱的天空从此星辰陨落。

在陵墓一般的幽深房间里，她为他换上了黑裙，以恋人的身份，以满腔的热血，饮一块思念的冰，日日夜夜，千千万万遍。

卡柏去世后不久，香奈儿接待了一位陌生的印度人。

那段时间，她正试图用疯狂的工作来麻痹伤心。她的事业蒸蒸日上，她依旧是巴黎绝对的时尚领袖，但在爱情的世界里，她却成了一个彻底的空心人，日升月落，每天都在为失去爱人而痛楚。

印度人说：“小姐，我有一个重要的消息要告诉您。是您最熟悉的人托我转达的……他想让您知道，他在另一个世界生活得很快乐，再也没有任何烦恼。那么请您务必接受我带来的信息，您也一定会明白其中的含义。”

印度人究竟告诉了香奈儿什么，她从未向任何人提起过，她说：“印度人带来的那个信息，藏着一个只有卡柏和我才知道的秘密。”

所以，那一刻，透过印度人漆黑发亮的瞳孔，她仿佛真的看到了另一个空间。她开始相信，死是永生之门，她的爱人也将在另一个世界里，用灵魂的力量庇护着她，永无止息。

接下来，香奈儿又将在这个世界上，获得卡柏男孩对她的更实质的爱护，那就是他给她留下了四万英镑的遗产，足以在事业上助她一臂之力——她用这笔钱扩充了康朋街 31 号，并买下了巴黎西郊的一幢别墅——绿色呼吸（Bel Respiro）。

至于戴安娜，她和孩子得到了卡柏的大部分遗产，但她在很长一段时间里，都和香奈儿关系微妙。最初，她们都在刻意避免碰面，慢慢地，戴安娜又成了香奈儿的顾客，最后，她们又因卡柏的遗物发生争执——戴安娜方面的说法是，香奈儿拒绝归还卡柏借给她的家具；香奈儿的回应则是，那是卡柏赠送给她的，是她的私人物品。

绿色呼吸是卡柏男孩和戴安娜住过的地方。香奈儿搬进去之后，就立即让人把窗户漆成了黑色，以此来表达她对卡柏的怀念。这也不禁让人疑惑，她是不是想用这样的方式，来向世人宣告，她与卡柏之间密不可分的深厚感情，已经取代了戴安娜和卡柏之间貌合神离的夫妻关系。

想来，戴安娜还是介意卡柏对香奈儿的感情，香奈儿也一直不能释怀卡柏与戴安娜的婚姻——在他生前，她无法成为他的妻子；在他死后，她又无福成为他的遗孀。

然而，一个人只要有了爱，就得到了世间最好的礼物。

"我要让全世界的女人为你穿上黑裙。"

香奈儿相信，黑色有一种神秘的力量，可以穿越时空，横扫万物，到达玄学的内核。

所以，黑色能为她带来卡柏的庇护，也能救赎她的沉沦，让她获得心灵的安宁。

所以，她以爱的名义，发起了那场世间最盛大久远的悼念。

从此，她设计的每一条小黑裙，都蕴藏着那个凄美感人的故事。

1920 年春，香奈儿穿着她的小黑裙出现在了康朋街，一时舆论哗然。接下来，又是她的模特们。她要求模特们一如既往的清瘦："不能控制自己的体重，何以支配自己的人生？"

她设计了一系列的小黑裙，以中国绉丝为主面料，融合刺绣，白色珍珠项链点缀，纤细的衣袖，简洁流畅的版型，雅致的风格，把模特们全都变成了高不可攀的女王。

在此之前，人们的观念已然根深蒂固，黑色只能作为丧服的颜色出现，而现在，香奈儿将把这种颜色带到沙龙里、晚宴上，以及日常生活中，让黑色成为优雅、神秘、高贵和自由的代名词，继而统治世间一切的花花绿绿。

美国《时尚》杂志则预言，香奈儿的小黑裙内敛低调，又强势奢华，势必会像“福特”小汽车一样，迅速流行，征服世界。

到了1926年，“香奈儿”设计的一条小黑裙，售价已经从300法郎上升至1000法郎。每天，都有无数的行人流连在康朋街，只为看一眼香奈儿橱窗里的小黑裙。

小黑裙成了香奈儿的标识，为她带来了无尽的声望和财富；小黑裙也成了全世界女人的梦，让她对卡柏的爱，循环反复，生生不息。

但香奈儿却说：“身为一个女人，你可以穿不起香奈儿，你也可以没有多少衣服供选择，但永远别忘记一件最重要的衣服，这件衣服叫自我。”

是卡柏让她明白，一个女人也可以照自己的方式生活，照自己的意思经营事业，照自己的欲求选择爱人，这便是卡柏给予她的最好的礼物。

“我失去了卡柏，我失去了一切。他留给我无尽的空虚，我这辈子都无法填满。”直到二十五年后，香奈儿在康朋街与保罗·莫朗聊天时，才愿意直视失去卡柏的痛苦。爱别离，求不得，那样的痛苦，甚至险些让她放弃自己的生命。

的确，如果可以用她的命去换卡柏的命，她也会毫不犹豫。

无奈，生命的残酷就在于没有如果，不可替换。

幸而，生命的伟大又在于，有人让你愿意为其而死，那么你也可以为其更好地活下去。

PART 3

女人天生就该被爱

“不被爱的人生，是挫败的。不被爱的女人，也算不上真正的女人。”

——可可·香奈儿

一个人的心灵若能大难不死，
那么她的生命必将灿烂盛放。

12

被米西亚爱过的地方寸草不生

“这是一个奇迹的时代，一个艺术的时代，一个挥金如土的时代，也是一个充满嘲讽的时代。”——司各特·菲茨杰拉德曾如此描述20世纪20年代，一个自由、激进、放任的“爵士时代”。

是时，苦难的“一战”终于结束，另一段狂欢的岁月则豁然开启，各种文化沙龙层出不穷，大城市里聚集了成批的艺术家——作家、诗人、画家、雕塑家、舞蹈家和音乐家……他们有着不同的国籍和肤色，却无不心怀激情和梦想，希望在自己的领域里大展拳脚，开天辟地。

而巴黎无疑就是这个时代的中心，是各地文化艺术家们朝圣的天堂。

在此期间，菲茨杰拉德写下了《了不起的盖茨比》，然后一举成名，跻身于这个时代最杰出的作家之一。海明威也曾在巴黎的某个沙龙里度过漫漫长夜，或坐在咖啡馆的露天卡座前，塑造笔下人物的命运；或行走在流光璀璨的街头，任由塞纳河的清风把身上的荷尔蒙吹散……“假如在你年轻的时候，有幸在巴黎生活过，那么在你此后的生涯里，不管你走到哪里，巴黎都会与你同在。因为她就是一席流动的飨宴。”

如果说巴黎是一席流动的飨宴，那么米西亚便是这场飨宴的女主人。

如果要给这个时代的巴黎艺术圈画下一张错综复杂的人物关系图，那么米西亚就是那个圆心。

而对于香奈儿来说，米西亚是带她走进先锋艺术圈的引导者，是她唯一的女性密友——她们的情谊超越了朋友，也是继卡柏男孩之后，对她产生深远影响，且与她生命轨迹密切交织的那个人。

1872 年，米西亚出生于圣彼得堡的一个波兰裔艺术世家。她的祖父是大提琴家，她的父亲则是有名的雕塑家，当时正在沙俄皇家学院任教。在尚未认字之前，米西亚就认识了音符。童年时期，李斯特曾把她抱在腿上，用降 E 大调为她弹奏贝多芬的名曲。少女时代，她又成了加布里埃尔·福莱的得意门生，并显现出非凡的钢琴天赋。21 岁时，米西亚嫁给了福莱的堂弟——法国先锋派杂志《白色评论》的编辑塔德·纳坦松，从此以“钢琴名家”“编辑妻子”和“杂志模特”的身份踏入巴黎的先锋艺术圈，同时开启她那“艺术缪斯” “沙龙女王”及“天才收割机”交相辉映的华丽生涯。

“米西亚，伟大的米西亚，她是艺术界的一座丰碑……”在《追忆似水年华》中，她成了普鲁斯特笔下的公主，给了他无限的灵感。魏尔伦与马拉美因她创作浪漫的诗篇，德彪西和拉威尔因她谱写醉人的乐章。俄国芭蕾舞团的创始人谢尔盖·迪亚吉列夫与她情比金坚，将她视为心中的明珠。她也是发现文森特·梵·高绘画天赋的第一人。“她才华横溢，是离经叛道的女王，是为人间带来欢愉的女神。”——魏亚尔、雷诺阿、博纳尔、苏珊·瓦拉东等当红画家既是她的座上贵宾，又是她的裙下之臣。因为他们，她得以成就无与伦比的声望，她的美丽也得以装裱挂进全世界的各大博物馆，供世人瞻仰，永垂不朽。

米西亚与香奈儿相识于 1917 年的一场晚宴。

当时，米西亚正从罗马演出回来，她在巴黎的声誉正值巅峰，而她也正在考验自己的第三段恋情。1905 年，她被纳坦松当成巨额抵押品送给了报业大亨阿尔弗雷德·爱德华兹，爱德华兹不禁喜出望外——很快便坠入了她的情网，继而风风光光地迎娶了她。但随着爱德华兹的移情别恋，这一段婚姻仅维持了四年就土崩瓦解了。一直到 1914 年，米西亚遇到西班牙画家荷西·马利亚·赛特，才又萌生出结婚的打算。

根据米西亚回忆录里的记叙，她那天晚上一见到香奈儿，就被其独特的气质吸引住了：“她指间夹着一支烟，一头深褐色的头发，脸庞年轻，一言不发，却是全场最特别的那一个，浑身散发着不可抵挡的魅力。我用了一个小法子，就成功坐到了她的身边。经过一番寒暄，我得知她叫香奈儿小姐，在康朋街经营一家时装店。”

晚宴结束时，米西亚又赞美了香奈儿的外套，一件镶边的天鹅绒大衣。而香奈儿竟慷慨地把那件外套披在了米西亚的肩上，对她诚挚又温柔地说：“那么送给你了，很高兴你能喜欢。”米西亚则甜蜜地回忆道：“初次见面，我自然婉谢了她的礼物。但是她那种与生俱来的贴心与优雅，未免也太迷人了……”

第二天，米西亚又急不可耐地来到了康朋街，她要去拜访那个令她整晚都魂牵梦萦的女人。她终于在琳琅满目的商品背后见到了香奈儿，而当她听到别人叫香奈儿“可可”时，她又忍不住义愤填膺了起来：“怎么能用这么平凡的名字称呼一位非比寻常的人物呢？”

是日晚上，香奈儿在寓所设宴，招待了米西亚和赛特。在数不清的乌木漆面屏风中，米西亚也见到了香奈儿的情人卡柏男孩。不过，在米西亚心里，英俊的卡柏只是可有可无的角色，整个过程中，她的眼睛都没有离开香奈儿。最后，就连热情如火的赛特也对她这种失去自制力的“一见钟情”感到讶异。而她自己也笑道:

“我也不知道是怎么了，居然对一个前天晚上才遇到的女人如此倾心。”

然而，在香奈儿这边，她认为真正拉近她和米西亚之间感情的，还是 1920 年 8 月的意大利之旅——在她失去卡柏男孩又失去了安托瓦内特之后。

1920 年春，安托瓦内特在一场西班牙流感中过世，噩耗传到巴黎后，香奈儿当场昏厥。显然，在爱人与亲人相继离世的双重打击下，很长一段时间，她都没有恢复元气。

就这样，米西亚来到了香奈儿的身边。“她出现在我最忧伤的时候，就像蜜蜂一样闻讯赶来……他人的忧伤就是她的花香。”接下来，一有闲暇，米西亚就会带她去参加各种文化沙龙和化装舞会——很多时候，米西亚甚至可以花上一整天的工夫去等待她完成工作。在“爵士时代”“先锋艺术”的洪流中，正是米西亚让香奈儿成为了画家、音乐家、诗人，俄罗斯大公以及欧洲皇室成员的朋友。

是年 8 月，米西亚嫁给了赛特。新郎和新娘都是第三次结婚。赛特表示，如果没有米西亚，他的人生将乏味不已。而对于米西亚，除了赛特本身拥有的志向和才华，他那巨富之子的身份其实更让她难抑心动。

这对新婚夫妇决定邀请香奈儿参加他们的意大利蜜月之旅。香奈儿答应了。为此，米西亚还特意计划，要在威尼斯举办一场大型的宴会，把香奈儿介绍给欧洲的皇室成员们。而在此之前，香奈儿还从未去过意大利。这将注定是一次意义非凡又令人难忘的旅程。

相比米西亚对宴会的热衷，赛特则不失为一个理想的旅伴。

香奈儿在对保罗·莫朗的叙述中，把赛特描述成一个“秃顶，满脸胡须，驼着背，戴着车轮一般的玳瑁眼镜，喜欢一切巨大事物，从不洗澡的浑身毛茸茸的胖猴子”，但他又有着妙不可言的博学和慷慨——他带着香奈儿参观了众多的博物馆，为她耐心解答每一道问题，就像一位“人身羊足的牧神介绍他无比熟悉的森林”。他可以饶有兴致地带着两位女士穿越一百公里去寻找美味，每一顿奢华大餐都必须由他付账。他可以花上几个小时论述一种艺术品的收藏价值。他也可以在月光倾城的罗马谈论古竞技场的辉煌与落寞，甚至建议在那一片废墟之上举行晚宴，让金色的气球飞满夜空。

同时，他也有不为人知的小邪恶，正好对应他那人尽皆知的大骄傲。他对自己的作品总是无比自信，并声称毕加索不懂绘画。他也曾秘密地锯断过一只鹳的长喙，只为享受亲眼看着一只鸟守着食物活活饿死的残忍的快感。

那么米西亚呢？她身上同样有着数不清的优点和缺点。香奈儿曾说：“我们只因为别人的缺点才会去喜欢别人，米西亚真是给了我不计其数的理由让我喜欢她。”

的确，她才华横溢，但从不读书，认为读书对取悦艺术家毫无帮助。她喜欢拯救别人的痛苦，并享受这种拯救，所以，在她心里，悲悯从不存在——俄国革命发生时，她竟在病中激动不已，她可以把革命看成一场盛大的芭蕾舞表演。她有时会说人坏话，但一旦说了谁的坏话，就会忍不住提前到那个人的家里，心虚地相赠她的温柔。很多时候，她又是亲切和宽容的，就像萤火虫用自己的微光点亮了黑暗。

然而就好比香奈儿所说的，“被米西亚爱过的地方寸草不生”，她比任何人都渴望得到艺术家们的宠爱，却又希望他们没有灵魂、没有才华地只为她一个人而存在。她也很爱香奈儿，但那更像是一种奇特又虔诚的兴趣，她可以厚颜无耻地向香奈儿身边的每一个人打探隐私，却又十分害怕失去香奈儿的信任。香奈儿把她比喻成“心灵的寄生虫”，意思是她依靠别人的生活养分而生活，而她的精神世界却抛弃了才华，匮乏得空无一物。

有一天，他们到达了意大利北部的帕多瓦。帕瓦多是一个安静的城市，街道两边矗立着精美的建筑，鸽子随处可见，扇动的翅羽在阳光下白得炫目，教堂的钟声在耳边久远地回荡、颤动，依稀间还带着文艺复兴时期的荣光与气韵。

但如此美丽的景色，依旧无法治愈香奈儿的忧伤。她再一次因想念故人而在旅馆流泪不止。

于是，赛特夫妇把她带到了圣安东尼奥大教堂——帕多瓦的第一名胜，各方教徒的朝圣之地，希望她在某种庄严而神圣的力量的驱使下，能够放下失去的恐惧和挂碍，重塑精神，找回快乐。

“我祈求圣人安东尼奥，让我不要再哭泣。”香奈儿回忆道。她站在教堂的圣人雕塑前，身边是众多海军元帅的石棺，任由时间之味在鼻尖上发酵，闭目的一刹那，仿佛可以穿透生命。

这时，她看到前面有一名男士，他的前额正抵在石板地上，俊美的脸庞显得疲惫而悲戚，却又是那么虔诚、坚毅和温柔。就在那一刻，她突然被触动了，她羞愧地发现，自己的忧伤在这个男人的悲恸面前，简直不值一提。她的身上就像被注入一种新的力量，让她豁然开朗，鼓起勇气，不再沉溺于悲伤，而是好好地生活下去——“我的生命才刚刚开始！”

一个人的心灵若能大难不死，那么她的生命必将灿烂盛放。

而不管香奈儿对赛特夫妇的感情有多么蜿蜒曲折，态度有多么爱恨交织，有一个无法抹去的事实就是，正是这样的一对夫妇，引导她彻底走出了失去至爱至亲的悲伤。

他们又像一针催化剂，让她在接下来的感情之路上收获颇丰，也让她在艺术之旅中获得无尽的设计灵感而大放异彩。她将迅速迎来生命中的黄金时代——成为 20 世纪 20 年代里时尚界的风云人物，以及财富与声望并存的艺术赞助人。

适合自己的香水，是我选择香水，而不是让香水选择我，这也象征着自由和独立。

13

香奈儿5号：不用香水的女人没有未来

20 世纪 50 年代——即香奈儿 5 号问世三十年后，有记者采访好莱坞性感女神玛丽莲·梦露，问及“你睡觉时穿什么，睡衣，睡裙，还是睡袍”时，她俏皮又妩媚地回答：“A Few Drops of Chanel No，5，”（我只穿几滴香奈儿 5 号入睡。）

因为梦露的这一句甜美“告白”，香奈儿 5 号的魅力很快便席卷全球，通过女神与香氛的亲密佳话，人们将发现，原来在这个世界上，除了可以用性别、年龄和爱好来划分人群，还可以用“已买香奈儿 5 号”和“想买香奈儿 5 号”来区分阶层。

有多少人能够抵挡那样的极致诱惑呢，一如梦露身着低领晚礼服，肩带滑落，眼眸低垂，将一瓶香奈儿 5 号轻轻涂抹在胸间的经典场景，不仅可以触动一个时代的心跳，更可以成为每个人心驰神往的私人梦境。

如今，据说每30秒钟，就有一瓶香奈儿5号售出。它身价非凡，却备受倾慕。它经久不衰，感性又不失优雅。自然，关于它背后的故事，也远非“世界上最有名的香水”“梦露女神的贴身香氛”那么简单——它版本众多，迷离莫辨，无论是配方，还是诞生的因缘，都继承了香奈儿的一贯风格，越是神秘的事物，越能带给人无限的品味与遐思。

1921年春，经由米西亚介绍，香奈儿认识了一位名叫恩尼斯·鲍的调香师。

当时，米西亚不过是想给香奈儿介绍一名情人，为了让她早日走出失去卡柏男孩的阴影，却没想到，香奈儿没有爱上这个英俊的年轻人，而是从他那里得到了比男女情爱更珍贵的东西，那就是他的非凡才华——他与她一起研制出来的香奈儿5号，不仅进一步巩固了她的事业，还帮她成就了“香奈儿”品牌里的销售奇迹和永恒传奇。

恩尼斯是法国人，也曾是沙皇时期俄罗斯皇室的调香大师，一直到十月革命之后，他才随着那些宫廷的流亡者一起回到法国，并在格拉斯开设香水实验室，继续他的制香生涯。

战争之后，随着国外大批流亡贵族的到来，巴黎的社会阶层显然已重新洗牌。艺术家们被奉为上层社会的中流砥柱，个人价值也高过了虚空的头衔和身份。

于是，当恩尼斯来到巴黎，将一支名为“凯瑟琳的香气”的香水赠送给米西亚时，香奈儿又不禁在想，为何不能制造一种属于香奈儿的香水呢？

诗人保罗·瓦莱里曾说过：“不用香水的女人没有未来。”那么现在，她不仅要让女人们用上最合适的香水，还要更新她们的未来。

香奈儿跟着恩尼斯去了格拉斯。

格拉斯是法国东南部的香水小城，被称为嗅觉的天堂，种植着大片的玫瑰、茉莉、薰衣草……繁花盛开的春天，香气倾城，一切从这里开始。在城郊的原料生产作坊，香奈儿亲眼见证了精油诞生的过程，从花田里采摘的鲜花堆积如山，而牺牲几百朵鲜花，也仅能提炼出小小的一滴。然后，原料精油又被送至市中心的制香工厂和实验室，由调香师们调配制作成各种各样的香水，再漂洋过海，销往世界各地。

但香奈儿告诉恩尼斯，她要的不是这种香水。

在此之前，欧洲女士们的香水还只是一些单调的花香，紫罗兰、玫瑰、橙花，或是混合型的花香，而她要的却是一种史无前例的、神秘的、独一无二的标识；一种专属于女人，可以唤醒女性全部自信的格调；一种可以征服嗅觉，并让各路感官获得神奇体验的贵族式奢侈品；一种强烈得像一记耳光，一场刻骨铭心的恋爱，令人过鼻不忘的抽象香氛；一种经久不散，萦绕于心的芬芳梦想。

相传恩尼斯就有过鼻不忘的本领，于他而言，这是一个用气味辨别事物的世界，他能毫不费力地记下生活中所有的气味，并由此在脑海中编写了一套抽象的香水密码，而他的产品便可在世人的心灵与感官之间畅游无阻。

难得的是，身为时尚设计师的香奈儿也有着超乎寻常的敏锐嗅觉，她曾声称，有人送她一朵花，她就能闻出那双采花的手；仅凭一节树枝，她就能区分是出自贡比涅的森林，还是比利牛斯山。

这样的说法虽然听起来有些不可思议，但有一个事实就是，她出生在市井，却天生讨厌杂乱不洁的味道，向往优雅干净的气息。对她来说，嗅觉的选择就像是人生的选择：

“嗅觉，是我存有的坚贞不二的本能，关于我的潜意识和记忆。如果我青春年少时就有足够的金钱，我一定会去买香水。当然，是适合自己的香水，是我选择香水，而不是让香水选择我，这也象征着自由和独立。”

在恩尼斯的香水实验室，香奈儿向调香师诉说记忆，如哺乳动物初涉人间时通过气味来寻觅情感的线索。童年时，碱性香皂融化在清水里的气息，曾让她念念不忘。遇见卡柏时，皮靴，干草堆，马粪，雾气弥漫的林海，洗革皂的清香，还有英国绅士的呼吸，又让她魂牵梦萦。还有白色的山茶花，来自东方的乌木漆面屏风，以及为爱流失的眼泪。

经过几次现场调配，香奈儿开始对恩尼斯的能力深信不疑。香水研制得很顺利。恩尼斯一口气调配了数十种样本，然后又通过重重精选，才将八种小样摆在了香奈儿的面前。

最终，5 号小样成功打动了香奈儿的芳心。

5 号小样能否打动世人的心？香奈儿决定进行一次小小的实验。是日傍晚，她邀请恩尼斯到蔚蓝海岸最高档的餐厅吃饭，席间，当有客人经过她的餐桌时，她都会悄悄喷洒一点 5 号香水。而结果就是，几乎所有的人都会情不自禁地停下脚步，深深地呼吸一下。当然，如果有客人问起，这种神秘的香气源自哪里，她也会装作毫不知情。

“就是它了，5 号。香奈儿 5 号。”走出餐厅后，香奈儿很快命名了这款香水。之前，市面上还从未有人用数字命名香水，大家绞尽脑汁，在名称和包装上苦下功夫，怕是谁都未曾想过，将来会有人用一个简单的数字和一个简单的长方体玻璃瓶，就创下香水销售史上的神话。

5 号香水的成分却并不简单。恩尼斯甚至有些担忧，因为 5 号添加了八十多种原材料：佛手柑、柠檬、橙花、茉莉、玫瑰、铃兰、依兰、岩兰草、雪松香草和鸢尾、天竺薄荷、印度麝香……

含括了植物、鲜花和动物香脂以及化学成分的结合——比如乙醛，“极大限度地结合不同香氛，释放出最馥郁的香气”，以确保它的独特、持久和不可复制，但成本已然过高，仅是其中的格拉斯茉莉精油，进价就十分昂贵。

恩尼斯不知道，昂贵也可以成为香奈儿的筹码。就像女王下达命令一般，她用不容置疑的口吻说道：“茉莉最贵是吗？那就放更多的茉莉。我要的就是世界上最昂贵的香水。”

不久后，由恩尼斯制造的第一批 5 号香水到达巴黎。

首先，香奈儿把它们喷洒在试衣间里，以诱惑顾客的嗅觉。几天之后，她就发现试衣的顾客明显增多。紧接着便有人询问，要怎样才能购买到“试衣间的香水味”，而香奈儿就会让她的雇员“择优”回答：“我们不出售香水，但如果您喜欢，我们可以秘密地赠送给您一支小样。”

可是“有限”的小样又怎能满足客户的强烈渴求呢——眼看越来越多的人，包括名流和高级客户都慕香而来，更有人来到康朋街买衣服，只是为了得到一支魅惑心神的香水小样。

但一直到 1921 年 5 月 5 月，“香奈儿 5 号”才在康朋街 31 号的时尚沙龙里正式发售——此前长达数月的精心铺排，终于到了收取成效的时节。从这一点来看，香奈儿可谓是“饥饿营销”的鼻祖。

人们将看到，这种传说中的神秘香氛犹如液化的琥珀，被封存在一只只方形玻璃瓶里，摆在精品展示柜的醒目位置，光彩夺目，触动心扉。而玻璃瓶竟无任何棱角和装饰，瓶颈上仅有一个小小的“C”字母标志，瓶盖上则是交织的双 C，瓶身上除了“NO° 5，CHANEL，PARIS” 之外也再无赘述，大片的留白，延续着香奈儿品牌一贯的简洁理念。

在发布会上，当媒体问起香奈儿 5 号香水背后有着怎样的故事时，香奈儿提供的版本却是：某一天，她在蔚蓝海岸悼念死去的爱人，那里的阳光、海风、红酒，以及大片花田治愈了她的忧伤，于是便有了后来的香奈儿 5 号。

至于为什么选择 5 号做香水的名字，她的回答则是：“纯属偶然，我只是觉得数字 5 有一种特别的美感。”

但数年之后，恩尼斯以香奈儿公司香水总监的身份做演讲时，又为世人提供了另一个版本，关于香奈儿 5 号的灵感之源：

香奈儿在得知他能够复制出任何记忆里的场景气息后，决定让他创作一款独具风格的香水，以满足她的商业欲望和个人梦想。而他仅仅是复制了某个场景里的个人记忆，就让她惊艳不已——他曾在一次战役中，被北极圈的极光击中，午夜时分，美丽的辉光降临地表，照耀着静谧的山川与湖泊，在夜色里散发出极度清冷而幽远的气息，就像大自然的体香，点亮了每一寸记忆的枝梢，灵魂随之温柔绽放。

不久后，香奈儿就将这款香水命名为5号，并告知他，5是她的幸运数字，会持续给她带来好运。

恩尼斯的说法，似乎佐证了一个猜测（从5号香水上市开始，人们就对它浮想联翩），卡柏男孩的庇荫犹在，他曾留给香奈儿一张数字5的占卜牌，她每天都会贴身携带——苍翠的树木，根须延伸到土地深处，预示你健康、坚强，目标即将实现。

同时，米西亚也不甘寂寞地在传播着一个更为神奇的版本，揭开了香奈儿5号的“秘密身世”，在这个版本中，她成了不可或缺的角色，一切的渊源都因她的人脉而起：

米西亚有一位叫吕西安·都德的朋友，他曾有一个身份，就是欧仁妮皇后的秘书。在吕西安那里，米西亚见到了一个宫廷美容秘方，据说可以配制出延缓衰老的化妆水。还有一份更为神秘的手稿，来自古远的梅第奇家族，上面记录的香水配方，曾为凯瑟琳·梅第奇皇后延续了数十年的青春和魅力。

米西亚一眼就看中了这些资料的商业潜力，她马上花费六千法郎将其买下再转赠给香奈儿。

因为她比任何人都相信，香奈儿拥有点石成金的才华，也拥有雷厉风行的执行力。所以结果如她所愿，几个星期之后，由香奈儿亲自调配的“香奈儿水”就诞生了。

那一刻，米西亚激动地预言：“我有预感，你的作品将会成为一只下金蛋的鹅。”

除此之外，世人口中流传的还有一个与米西亚相似的延伸版本，那就是香奈儿并不满意她调配出来的“香奈儿水”的效果。她想要一种真正无可取代的香水，为她开拓品牌的新领域，并成为香奈儿精神的化身。

这时，恩尼斯献给米西亚的“凯瑟琳的香气”正好点醒了她。于是，她拿着自己调配的“香奈儿水”找到了恩尼斯，让恩尼斯在“凯瑟琳的香气”（这款香水跟梅第奇家族同样有着千丝万缕的联系）的基础上进行融合、改良、创新，最后创造出标新立异的合成香水——香奈儿 5 号。

而且更有人说，香奈儿 5 号具有一定的催情作用，可以让任何一个男人臣服于它的香气之中。这也是那些巴黎的小姐太太争相购买的主要原因，它可以让女人魅力永驻，也可以成为一剂御夫良药；它可以为你抚平心灵的每一个褶皱，也可以激起你内心最狂野的欲望。就像香奈儿小姐的那句金玉之言：“香水应该涂抹在你希望会被亲吻的任何地方。”

……

或许，正是世人的各种猜测和神化，在香奈儿 5 号的品质之外，为它蒙上了一层又一层的神秘面纱，并间接赋予了它独一无二的时尚地位，以至于它在整个欧洲乃至全世界都供不应求。

即便之后香奈儿又趁热打铁地推出了俄罗斯皮革、香奈儿 22

号、岛屿森林、栀子花香等香水，但在影响力和销量上都远不及香奈儿 5 号的神迹。

但有一点值得注意的就是，在 1924 年——香奈儿的香水公司成立之前，恩尼斯一直在格拉斯为她提供货源；在香奈儿香水公司成立之后，恩尼斯又成了她的香水技术总监，工作时间长达三十年。

而米西亚，香奈儿也始终与她保持着密切的往来。

这不禁让人产生了新的猜想，与香奈儿 5 号联系在一起的这三个人，曾分别向世人透露出截然不同的故事版本，却从未因此而发生过争吵和辩解，莫非是一种秘而不宣的事先约定，或者说，也是香奈儿营销计划的一部分？

一切将不得而知。

而我们又都将知晓，香奈儿 5 号，它是一支香水，是一场时尚革命，是一次财富盛筵，也是一个女人的激情与野心、梦想与憾怅。

一如时间流逝，烟尘和传奇掩盖了真相，只有它，代表她灵魂的一缕幽香，一路与她相伴辉映，经历过战火的摧残、时间的洗礼和人心的变幻，成为永恒的经典。

在爱情的世界里，她也并不愿意做一个统治者，自始至终，她所渴慕、所追求、所珍视的，都不过是自由选择的权利。

14

俄罗斯情人：灵感，即爱恋

如果说5号香水代表了香奈儿的精神标识，那么“俄罗斯皮革”（CUIR DE RUSSIE）就是她留下的一个情感标记。

洒下一滴俄罗斯皮革，让它在皮肤上无声绽放，香气顷刻便会化作记忆的密钥，为你开启时光之门——你将感受到白桦树皮汁液渗入皮革肌理的温存，伏特加的微醺，荷尔蒙的暧昧，金色烟草的辛凉，军靴踩在雪地上的清脆，树脂的温馨，蜂蜜的甜糯，麝香的醇和，玫瑰、茉莉、伊兰的芳馥，以及流亡贵族颓靡又幽寂的眼神正小舟一般滑过涅瓦河优柔的水波。

1924 年 4 月，香奈儿与法国夜巴黎化妆品公司的老板皮埃尔·威泰默一起成立了香奈儿香水公司。

当时，面对与日俱增的订单，恩尼斯的香水工作室已经力不从心。为了保证货源，香奈儿必须寻找更高效的机械化生产模式。于是，经过老佛爷商城的股东巴德尔的牵线搭桥，她与皮埃尔进行了会面。

皮埃尔是个精明能干的商人，他和弟弟保罗不仅拥有全法国最大型的化妆品生产企业，销售网络密布全球，而且还是老佛爷商城的最大股东。

皮埃尔显然对香奈儿 5 号非常感兴趣。向香奈儿描绘合作的辉煌前景时，他表示一旦成立新公司，他将会投入最大份额的资金。

那一天，香奈儿却看起来有些疲惫和情绪化（有一种说法是，她刚经历了与情人的分离），她对皮埃尔说："一切都按你说的去做，我只要百分之十的股权就好了。"

"成交。"皮埃尔立即请律师起草了合约：新公司以"香奈儿"命名，其股权百分之十归香奈儿本人所有，百分之二十归巴德尔，百分之七十归威泰默家族。

这种合作模式一直延续至今。

作为香奈儿香水公司"背后的男人"，皮埃尔的确功不可没。仅是第一年，香奈儿 5 号在大洋彼岸的销量就翻了数倍。然而，身为 5 号香水的创始人，这种合作模式（利润分配）也让香奈儿懊悔了半个世纪——当她意识到自己"签了一个不平等合约"时，事情已成定局。

为此，他们之间爆发过数不清的激烈争吵，甚至屡次法庭相见。皮埃尔还专门请了一个律师来对付“香奈儿那个女人”，而香奈儿也从未放弃想拿回应得股份的想法，声称“可恶的皮埃尔，给我设了一个圈套”。

但同时，他们也是一个无比坚固的联盟，除了在利润上产生的矛盾和分歧之外，他们从未想过要解散或分离。

在这场相爱相杀的漫长过程中，他们的关系就像是一株大树，树根盘屈，枝节交错，钩心斗角，却又并肩抵抗着风雨的侵袭、战火的摧残和世事的变迁。年年岁岁，花开绚烂，然后结出芬芳扑鼻、滋味鲜美的硕果——近百年来，仅凭 5 号香水的奇迹，即可撑起香奈儿时尚帝国的半壁江山。

也是 1924 年——香奈儿香水公司成立后不久，“俄罗斯皮革”诞生。

依然是香奈儿设计，恩尼斯调制。皮埃尔则负责全球化的运营，他的广告部为它量身定制了宣传语：“一款代表设计师内心的香水，蕴藏着香奈儿才能赋予的完美。”

诚如世人所想，这款香水的灵感来源正是香奈儿与俄罗斯情人之间的那场浮华、绚丽、高调，又充满无限清愁的恋情。

他叫狄米崔·帕夫洛维奇，美如冠玉，风度非凡，曾被称为俄罗斯最英俊的男人。他也是沙皇亚历山大二世的孙子、尼古拉二世的堂弟，一位名副其实的大公。

“一战”前夕，狄米崔因参与一起宫廷刺杀而遭遇流放，但也因此逃过了十月革命的灭顶之灾。1921 年的秋天，他与香奈儿在巴黎重逢，这时离他们第一次见面，已经过去了十年——彼时，他还只有 20 岁，青春年少，风华正劲，容貌与马球技术一样令人惊艳。他们因卡柏的关系而相识。

但现在，命运翻转，彼此境遇已是云泥之别——昔日尽享尊贵的皇位候选人沦落为被家国所弃的流亡者，来自穷乡僻壤的小小女帽商却成了巴黎时尚界的财富女王。

“我被他迷住了。”香奈儿回忆说，“他身上流露出一种落难王孙独特的忧郁气质，比十年前更甚。”

这一年，香奈儿已经 38 岁了，但她依然身材曼妙，相貌可人，看起来就像一位二十几岁的时髦小姐。在某次晚宴上邂逅之后，狄米崔就开始频繁造访康朋街，他把香奈儿当成一位可以倾诉心事的“老朋友”，并在无意中提起，希望用蒙特卡洛的阳光治愈抑郁已久的情绪。于是，香奈儿第二天就去买了一辆蓝色的敞篷款劳斯莱斯。

她对狄米崔说：“一切准备就绪，可以去蒙特卡洛了。”

狄米崔却犹豫起来：“我没有钱，我只有一万五千法郎。”

香奈儿粲然一笑：“那我也出同样的数额，三万法郎，应该足够好好玩一星期了，我想这将是一次美妙动人的旅程。”

他们出发了。

在旅程中，香奈儿又决定将他的自尊维护到底，比如每次需要结账时，她都会私下知会经理，要求对方给狄米崔一张最小额的账单，而其余大额的部分，她早就已经悄悄付清。

也正是这一次旅程，让他们从“老朋友”变成了一对恋人。

他们从巴黎到蒙特卡洛，又从普罗旺斯到奥弗涅，在美景和美食中消磨着时光。一路上，香奈儿都精神饱满。狄米崔则在日记里写下：“和可可在一起，我感受到了令人惊喜的甜蜜。”

只是，当他们开车飞驰在卢瓦尔河畔时，香奈儿却显得有些心事幽深。那里是她的生养之地，让她小小年纪就尝遍了贫穷和耻辱的滋味。好在一切今非昔比，她已经改写了自己的命运，并让那方土地以她为荣。她用衣锦还乡的高调方式，成功洗刷了童年时的屈辱。

就像在世人的眼中，狄米崔虽然有着尊贵的血统，但他与香奈儿相恋，多少还是带着攀附的意味，甚至有传言，称他是被香奈儿包养的男人——总有那么多人，对上流社会的私生活津津乐道。

对于香奈儿来说，她并不介意那些流言，她天生就是一个叛逆者，从来不会屈从旁人的看法。而在爱情的世界里，她也并不愿意做一个统治者，自始至终，她所渴慕、所追求、所珍视的，都不过是自由选择的权利——很多年前，她在艾提安和卡柏之间做了选择，那么现在，又到了在艺术家和大公之间做选择的时候。

伊戈尔·斯特拉文斯基是著名的钢琴家、作曲家、现代音乐巨匠——享誉世界的《春之祭》就是他的作品。与狄米崔一样，他也是一位流亡者，十月革命让他钱财尽失。好在战争并未摧毁他那倾世的才华，来到巴黎后，他继续与发掘他的伯乐迪亚吉列夫合作（香奈儿描述迪亚吉列夫对人才的渴望，就像是流浪汉在街头搜寻烟蒂），一路随着俄国芭蕾舞团巡回演出，却也一直在接受着资助。

米西亚就是迪亚吉列夫的朋友兼资助者。包括另外一些喜欢艺术或艺术家的沙龙女主人，也曾参与其中。不久后，香奈儿也加入进来——她的财力完全能够以一当十。

迪亚吉列夫有一天告诉香奈儿，剧团的债主们已经控制了剧院，让他们无法开幕，故此急需一笔资金……而某个美国的亲王夫人仅给了他七万五千法郎。

“她是美国的贵夫人，我只是个法国的小裁缝。”香奈儿正在工作，她头也不抬地挥舞着剪刀，但她的舌头却比剪刀更锋利。看着迪亚吉列夫那张乌云密布的脸，她终于停下工作，随之云淡风轻地填下一张支票：“不过，我可以给你三十万法郎。”

这一张支票解决了迪亚吉列夫的燃眉之急，让《春之祭》得以重新排演，让斯特拉文斯基的才华光耀世界，也让香奈儿多了一个“艺术赞助人”的身份，从而获得新的社会地位。

也有另一种说法，是关于香奈儿和斯特拉文斯基之间惺惺相惜的感情。他们正在秘密地相恋，所以，基于对情人的怜惜之心，香奈儿才对剧团进行了一次又一次慷慨的援助——当时，斯特拉文斯基已经住进了香奈儿的别墅，他病重的妻子也在她的安排下去了比亚里茨接受治疗而免受病痛流离之苦。

香奈儿给了斯特拉文斯基一个清净安稳的创作环境，《管乐交响曲》和《五指》都是在她的西郊别墅里写出来的。同时，为了让他的作品更具光彩，她还免费为剧团的那些演员提供了自己设计的戏服。

但显然，相比斯特拉文斯基的创作故事，大众都更关心他与香奈儿之间的风流韵事，比如米西亚，自从她看到斯特拉文斯基在遛香奈儿的狗之后，就忍不住到处宣扬：“可可爱上了一个艺术家！”

事实真如米西亚所说，是香奈儿爱上了斯特拉文斯基吗？

香奈儿并不承认这一点。晚年时，她也只愿意记得，她对斯特拉文斯基的赏识和帮助，以及在很多个寂静的深夜里，与他促膝长谈的情景。

她所有关于音乐的认知都得益于那些倾心交谈，她听他谈论贝多芬，谈论俄罗斯的传统音乐，谈论德彪西对他的影响，一切都让她感到新奇。而且，1913 年，《春之祭》在巴黎首演时，曾因太过前卫而引起观众暴动，但也掀起了一场现代音乐的革命；同样，香奈儿的设计，也在时尚界进行着一场又一场的革新。在音乐与时尚之间，他们找到了共性，足够引为知己。

他也跟她说起《春之祭》的灵感之源。在黑暗中闭目聆听，耳朵是感受生命与宇宙之间关联的触角，身体则成为采撷大地密语的容器，手指像一条管道，《春之祭》就那般经其流出。

他对香奈儿的爱意，同样有着《春之祭》式的激情与狂野，他渴望拥有她，并准备离婚成为她的丈夫，以至于赛特夫妇都干预了进来，甚至搬出"是卡柏让我们照顾可可"的滑稽理由来让他冷静（没有人预料到卡柏会早逝，包括他自己）。

习惯了主动出击的香奈儿也不禁提醒道："您已经结婚了，伊戈尔，如果您的妻子知道的话……"

深陷其中的艺术家却回答："她知道我爱您。这么重要的事情如果不对她说，我该对谁说呢？"

至于后来他们之间的感情发展到了哪一种程度，已经无从知晓。且在多年之后，两位当事人都默契地选择了避而不谈。

不过，有一个不争的事实就是，斯特拉文斯基的后半生都在靠香奈儿的资助过活。而期间将斯特拉文斯基一腔炙热之情浇灭的，却是米西亚的一份电报。

当时，斯特拉文斯基正在西班牙演出——按照他们之间的约定，香奈儿会在一段时间后赶去与他会合，但期间狄米崔的出现，让斯特拉文斯基只等到了米西亚的消息：“可可是个轻佻的小裁缝，她更喜欢大公而不是艺术家。”

十几年后，斯特拉文斯基用一本自传回顾往事，却小心避开了与香奈儿之间的种种情愫纠葛，只留下了知遇之恩：“《春之祭》能够再度献演，尤其要感谢嘉柏丽尔·香奈儿小姐，她不仅赞助了资费，更以她蜚声国际的高级女装设计，亲自为演出制作戏服……”

香奈儿则在回忆中用一段意味深长的话为他们之间的感情做了收梢：“无论怎样，米西亚转动了命运之轮，她干预了进来，翻开了新的一页，从那天起，我和斯特拉文斯基都不再回顾从前。”

香奈儿与斯特拉文斯基的感情不复从前，而她与狄米崔的关系却情意正浓。

狄米崔搬进香奈儿的别墅后，送给她一份礼物，那就是他费尽周折，在流亡生涯中极力保存下来的宫廷极品项链，其上的每一枚珍珠都散发出优雅迷人的光泽，仿佛映照着一个王朝的余温与遗痕。

香奈儿很珍惜狄米崔的这份情意，一直到暮年，她还佩戴着那些项链。而且在当时，她还用白色珍珠项链和小黑裙的搭配进一步巩固了自己的个人风格，并从中汲取了灵感，创造出一系列的人造珠宝，让整个时尚界为之惊叹。

于是，在狄米崔这里，爱情再次成了她的灵感之源——如果说斯特拉文斯基让她对俄罗斯风格浅尝辄止，那么通过与狄米崔的相恋相处，她已经深得个中精髓。人们将看到，在她引领的时尚世界里，一个“灵感俄罗斯”的时代，一个“斯拉夫魅力”的时代，诞生了。

1922 年春，法国《时尚》杂志首次刊登了香奈儿最新设计的“斯拉夫魅力”系列，其中大量使用了俄罗斯最典型的锁链针步刺绣，以及俄罗斯各类职业服装的风格元素，面料含括丝绸、雪纺、蕾丝、染色的真绉丝……这些服装一经上市，就受到了大众的欢迎。

这时，香奈儿又趁机聘请狄米崔的姐姐，女大公玛丽为她工作。她给玛丽指派了一个工作室，专门用来做俄罗斯刺绣。玛丽很感激香奈儿给了她一份体面的工作，而香奈儿也自有长远的眼光——除却精湛绝伦的宫廷刺绣技艺之外，玛丽的王室头衔正好可以为她带来隐形的品牌影响力。

到了第二年的秋天，香奈儿再次在俄罗斯风格上发力，她从沙皇老贵族的冬季服装里寻到了灵感，创造出了风靡世界的贵妇毛皮系列——那些雪白的人造毛皮，伴随着成串的珍珠项链和山茶花，从衣领、袖口一直翻滚蔓延到下摆，不禁让人想起贵族女子们在冰天雪地里呵气如兰的娇柔……

不仅如此，她还在自己的沙龙里举行了一场空前盛大的香奈儿毛皮时装秀，并全部聘请俄罗斯姑娘担任模特。在无数闪耀的镁光灯下，那些带着清冷贵气的俄罗斯模特果然让来自大洋彼岸的时尚记者们惊艳不已，而更让记者们惊讶的却是，她们在遇到狄米崔时，都会自然而虔诚地去亲吻他的手，称呼他为“陛下”。

于是便有记者在美国版《时尚》杂志上写道：“香奈儿的作品，如此受人喜爱，是因为代表了女性最为渴慕的东西。”

女性最为渴慕的东西到底是什么?

是青春，是温柔，是优雅，是时尚，还是永不枯竭的性感和爱?

如果说一个人的作品就是一个人的人生，那么无疑，这些香奈儿都得到了。

1924年春，香奈儿与狄米崔结束了情人关系，重新回到“老朋友”的位置。最大的原因应该就是香奈儿对狄米崔的着迷已经到期，她不想用“包养”的方式继续他们的关系——除了他的皇室身份和盛世美颜，他似乎没有任何与她相匹配的才华和能力。

晚年时，一生的爱恨情仇都已谢幕，香奈儿谈起往昔岁月，也曾感叹过，那位来自俄罗斯的大公有着汪洋一般的碧眼、纤细修长的手指和健硕的双肩，热爱和平，却需要喝酒来为自己制造勇气，空有一副俊美的皮囊……皮囊之下，除了伏特加，便只有无用的忧愁和颓靡。

不过，与狄米崔分离之后，香奈儿的恋爱之旅还远远未到终点。

她曾说，不被爱的人生是挫败的，不被爱的女人也算不上真正的女人。

所以，爱情是她灵魂的养分，让她变得青春、温柔，充满灵气，散发出女性的魅力。她也会一直恋爱，会一直在爱情中享受被爱的感觉，寻找创作的灵感——就像“斯拉夫系列”和“俄罗斯皮革”一样，它们是一段爱情的见证和纪念，也是一个时代的沉醉和烙印。

而同时，无论她经历多少次爱情，平淡或是深刻，长久或是短暂，低调或是高亢；无论对方有着怎样的身份，是马球大师、商界巨子或艺术家，还是大公；无论她的境况如何，青春或是成熟，贫穷或是富有，她都不曾在爱情里迷失过，黯淡过——没有人可以掌控她的意志和生活。她那特立独行又光芒闪耀的思想与风格，也一直只会为自己而存在。

沿着生命的轨迹溯寻，一段恋爱，就是一段旅程。

15

艺术与诗：香奈儿的文化时代

1922年春，毕加索创作了一幅油画《在沙滩上奔跑的女人》。两名健硕的女人身穿宽松柔软的衣裙，半裸着身体，赤着脚，拉着手举过头顶，在沙滩上欢快地奔跑，海风吹起她们披散的长发，像两面象征自由的旗帜，蔚蓝的海水与飘浮着白云的天空融为一体，炽烈的阳光像雨点一样打在她们身上，又把她们的影子一路抛在身后。

是年12月，巴黎开通了一趟"蓝色列车"。这趟豪华的卧铺列车会在明丽的月光下出发，一路乘风疾驰，穿越城市的灯火与夜色、旷野的风景与寂静，最后在黎明时分抵达终点站——蔚蓝海岸。而所有上车的旅客，都可以在梦醒时分如约听到车窗外的潮声与鸥鸣。然后，在晨曦普照的沙滩上，张开双臂，迎风奔跑，与优雅清澈的天际线浪漫相拥，就像拥抱着梦想一样，尽情享受时代赋予的自由与光亮。

1924 年 6 月，迪亚吉列夫领导的芭蕾舞剧《蓝色列车》在巴黎爱丽舍剧院首演，一时盛况空前，幕布缓缓落下的那一刻，它几乎收割了整个艺术圈的热情与掌声。

那么，是什么赋予了这出舞剧令巴黎先锋艺术圈倾巢出动的魅力呢？

且看这一串长长的名单，每一个名字都掷地有声，可谓是融合了艺术圈全方位的力量：

让·科克托是法国极负盛名的作家和艺术家，应迪亚吉列夫之邀，他以“蓝色列车”和《在沙滩上奔跑的女人》，以及即将召开的第八届奥运会为灵感撰写此剧脚本，其中融合了芭蕾、杂技、体操、网球、哑剧和轻歌剧等形式，尽力诠释 20 世纪 20 年代的自由主义和享乐精神。

达律斯·米约是法国伟大的作曲家，曾与科克托合作过壮观的音乐会《屋顶上的公牛》，现在，他为此剧担纲了配乐。

亨利·洛朗斯是法国立体主义派雕塑家，他负责为舞台布景。作为最有巴黎特色的艺术大师，他果然不负迪亚吉列夫之托，成功地将舞台打造成了极富艺术气息的立体派夏日度假胜地。

毕加索是来自西班牙的天才画家，他的作品《在沙滩上奔跑的女人》是该剧的灵感缪斯，也是迪亚吉列夫第一眼便看中的幕布。

布朗尼斯拉娃·尼金斯基是来自俄罗斯的著名舞蹈家，俄罗斯芭蕾舞团明星尼金斯基的妹妹，她不仅负责编舞，还饰演了主角之一，以法网冠军苏珊·朗格朗为原型的网球手——她也与毕加索画中的女人一样健硕。

安东·多林是来自英国的年轻舞蹈家，集阳光、俊朗、力量及荷尔蒙于一身，他在舞台上的精彩杂技，为演出带来了前所未有的高潮，也让所有的女性观众为之倾倒。

……

最后，当然还有可可·香奈儿，巴黎艺术家心底的“首屈一指的服装设计师”，能为这样的一幕大剧提供戏服，她自然是不二人选。

“这是一个荒谬的世界，但我不想表现它，我要的是超越它。在服装上，我寻找的也不是粉饰的效果，我要的是最真实的效果。”——科克托的观点与她一拍即合，她以舒适的针织面料，典型的香奈儿式的自由风格，为演员们设计了沙滩运动套装，一种无比真实的度假服饰，再搭配上沙滩鞋、高尔夫球鞋、网球拍及长嘴香烟，不禁让人产生身临其境的感觉，仿佛沐浴着阳光与青春，与剧中人物邂逅在蔚蓝海岸的沙滩上。

香奈儿与赛特夫妇一同出席了《蓝色列车》的首演。接着，便是奥委会主席顾拜旦男爵和其他委员的到来——迪亚吉列夫在剧中埋下的伏笔，已经成功引起奥委会的关注。谢幕后，顾拜旦男爵也特别赞扬了香奈儿："香奈儿小姐的服装，犹如画龙点睛之笔。"

香奈儿则在晚年时回忆道："《蓝色列车》带给我的自信与激情，超越了之前所有的沙龙时装秀。"

当晚，香奈儿又以"《蓝色列车》服装设计师"和"知名艺术赞助人"的身份，去米西亚的沙龙参加了《蓝色列车》的欢庆会。科克托和毕加索邀请她坐到他们的中间，毕加索称她为"欧洲最有灵气的女人"。

尽管她即将成为"欧洲最有钱的女人"，每天都有3000名员工为她工作，但相比赚钱，她显然更喜欢金钱为她带来的成功。"金钱不是生活，金钱只点缀生活"，一开始她就知道，只有金钱和才华才是打开上流艺术圈之门的钥匙。

所以，现在手握钥匙的她，想起的却不是食不果腹的痛苦，也不是被亲人抛弃的凄迷，而是曾与卡柏一起参加晚宴被挡在门外的屈辱。

不过，现在一切都不同了。她是未来的一部分。她与艺术家们在一起，与他们相处融洽；她被尊重，同时非常自由。而那些杂志和报刊，也将从香奈儿的设计和香奈儿的财富，一直讨论到香奈儿的艺术。

艺术家——她成了他们中的一员。

从 1924 年的秋天开始，就陆续有杂志邀请香奈儿写文章，包括巴黎的《镜中世界》《新奢侈》和《时尚》，还有美国报纸的某些月刊专栏。相信所有看过香奈儿文章或口述资料的人都会发现，她其实是一个很擅长用格言来表达内心的人，且看她笔下的那些精准简短又富有深意的句子，无不闪耀着智慧的灵光：

生活不曾取悦于我，所以我创造了自己的生活。

与其在意别人的背弃和不善，不如经营自己的尊严和美好。

我是奥弗涅唯一尚未熄灭的火山。

骄傲犹如一条阿里阿德涅之线，能时时引我找回自己。

如果将我的头砍掉，你还会认为你看到的是一位情窦初开的少女。

掩饰自己是迷人的，但伪装自己却是悲哀的。

舒适与爱，是时尚的目的。但要让时尚取得成功，还需要加一个美的前提。

仅存于沙龙的时尚，可不比化装舞会中的戏服高明。

青春永驻的秘密，唯有艺术与诗。

……

翻阅香奈儿的人生轨迹，“每一个情人都是一所学校”这句话，再次在她这里得到了印证。且颇具玩味的是，从艾提安开始，她选择的情人几乎就没有重复的个性和身份。

那么这一次又是谁，将用自己的才华与魅力，走进她的情感生活，引领她走上文学之路，收获与众不同的生命体验呢？

皮埃尔·勒韦迪，一个比香奈儿小五岁的落魄才子，伟大的超现实主义诗歌的先驱，毕加索的终生好友，米西亚的资助对象与座上贵宾……以及在《蓝色列车》的欢庆会上，格格不入地坐在角落里，与一切的欢乐隔离，却唯独对香奈儿深情凝望的悲观主义诗人。

他会说，正如你那样，我完全爱你……

然而太阳持久，当大地上天色黑暗时，树枝变得柔韧。

当大气硬化又振颤时，绿色眼睛对着光线闪眨。心把它们的血液送回物质的灵魂。石头阻止一场枯燥而又不同的冲突的永恒脚步所踩出来的路。

然而面对那乏味的汹涌波涛，那可怜的人，他自己的君主，将保持沉默的骄傲。

翻开勒韦迪的诗篇，香奈儿很快喜欢上了这些文字的主人。

的确，他穷困潦倒，敏感脆弱，剥离掉诗人的身份，他只是一个晚报的校对员，甚至时常要依靠妻子的缝纫手工过活，然而在他构建的文字王国里，他却是骄傲的君王，才思卓绝，孤高执拗，睥睨着俗世生活中纸醉金迷的一切。

在圣·奥诺雷街——香奈儿的最新府邸，他们度过了一段比诗歌还要缠绵悱恻的时光。

为了迎接新情人的到来，香奈儿特意让人装修了房子。长绒地毯泛着优质雪茄的丝光，天鹅绒的窗帘配着金色束带，来自世界各地的工艺摆件，散发出古朴气息的落地书架……而当人们问起她对室内美学的看法时，她已经会用勒韦迪式的句子回答了——室内设计是一个灵魂的自然反应。没有经过设计的房子就像牢笼，我们只能从装饰中找到自我与自由。

很显然，她喜欢他，崇拜他的才华，也爱慕他那“饱受折磨并且令人忧伤的抒情诗”，并深受影响。他教她写诗，教她用简明扼要的优美句子表述心绪。他送给她的那本拉罗社福科的《道德箴言录》，她一直当作枕边书。她的文风，与他一脉相承。

她也愿意照顾他的生活，愿意在繁忙的工作之余，为他的诗集奔波，出钱出力，谈妥一切出版事宜——当他的诗集出版时，她又成为第一个收藏者。

他亲吻着她的手背，如一个忧郁的少年，然后在诗集的扉页上写下：

亲爱的可可，你不知道，阴影为何会反射光明。然而，正是因为这阴影，我深陷其中，对你生出万般柔情。

白昼之光，不知黑夜之深。

然而，光照在黑暗里，黑暗却不接受光。

对于这一段感情，香奈儿始终怀着赤诚的态度，但遗憾的是，勒韦迪并不满意这样的生活。

他是一个以悲伤为食的人。

他迷恋她，不可救药地爱上她，又总是从她身边逃走。他憎恨自己对妻子的不忠，又无法做到心安理得。

他渴望被认可，又将她的资助视为耻辱。

他喜欢艺术，又对灯红酒绿的艺术圈持有天生的疏离。

他把自己的痛苦注入了诗歌，认为诗歌才是痛苦良心的最高尚的发泄渠道，然而诗歌却不能给他最终的救赎。

他是一个矛盾体，在现实与内心之间，充满了分裂与差距，让他饱受折磨。他也曾在痛苦难抑之时，眨着忧伤的黑眼睛，在圣·奥诺雷街的幽深府邸里问他的情人："如果人们对真实的生活很满意，那么梦想的意义何在？"

于是，到了1926年5月，在他长期出走再回来之后，他终于将自己所有的诗歌手稿付之一炬，然后带着妻子一起远离巴黎的繁华与情感纠葛，去了法国本笃会索莱姆隐修院，在那里度过余生。

然而，宗教的力量，清冷的环境，依旧无法让他停止对昔日情人的思念。

直至临死前，他还在默念着香奈儿的名字，为她写下最后的诗篇：

亲爱的可可，

时间流转，季节变幻，岁月飞逝。

生活的黯淡，让我无处寻觅，生活比夜色还要幽暗。

然而，我对你的心，依旧清澈明亮，我的爱人。

除此之外，一切都已经变得不再重要。

沿着生命的轨迹溯寻，一段恋爱就是一段旅程。

对于勒韦迪而言，香奈儿是他一生中最重要的爱人，是他的明灯，也是他拥有不起的梦。

对于香奈儿来说，在这一次短暂的时断时续的爱情之旅中，是勒韦迪给了她从未有过的情愫。他是她文学之路的引路人，也是曾与她携手看风景的人。

多年后，当她看到他写给她的深情诗篇，也不禁哽咽："勒韦迪是我永远的诗人，给了我一段青春，一个文化的时代。"

暮年时，她受邀到爱丽舍宫赴宴，又请求蓬皮杜总统，将勒韦迪的诗篇加入教材。

所以，**无论最后这段关系是如磐石般长久，还是如烟花般绚烂；这段旅程是一马平川，还是曲径幽深，在他们心里，都将以遇见为幸，以爱过为荣——除此之外，一切都已经变得不再重要。**

在她心里，除了自己，她的人
生不会为任何人量身定制。

16

西敏公爵：遇见“最后的国王”

很多年后，她还记得，“飞云号”是他们第一次见面的地方。

然而，无关浪漫的邂逅，不过是一场有预谋的邀约。他是富可敌国的魅力男士，是炙手可热的单身贵族，也是阅女如云的风流公子。是夜，他不谋权势，不谋地位，不谋财富，只谋久闻其名的美人。

豪华游轮，历来就是展开猎艳故事的最佳场所。夜色温柔，海风微醺，整个摩纳哥湾灯火通明，试与星河斗艳。他亲临“飞云号”，处处悉心安排，吉普赛乐队全程为晚宴伴奏，柔美的旋律在夜空下流淌成温软的爱河。

他端起一杯来自英格兰的美酒，俯首轻嗅，结网以待。

月光倾城时，美人姗姗而来。

她一头短发，眼神凌厉，脸庞俊美，舌如刀剑，眉间有秋水盈动，也有锋芒纳藏。

她指间夹着烟，一袭黑衣，镶有珍珠，在他身边飒然而立，如一只优雅的黑豹，危险又迷人。

她看到他的脸，一位成熟而自信的英国男人，诚如友人所说："情感炽烈的高大男子汉……如果再年轻一些，想必他全身都会散发出莱茵石一般的光芒。"

她也看到了他眼中的光芒，带着一种用金钱与身份构建的权威式的自信，曾让他在之前的三十年里——无论是商场还是情场，都一直所向披靡。

所以，从踏上甲板的那一刻开始，她就明白，这将注定是一场势均力敌的较量。他胜券在握，她神色自若。

只是，谁是谁的猎手，谁又是谁的猎物？

一切尚未分晓。

他是西敏公爵，英国国王乔治五世的表亲，亲近的人则称他为本多尔。一出生，他就拥有了世袭爵位，尽享皇室成员的尊贵。年少时，他又继承了所有家族的财产，据说每分钟就能赚到一个金币。青年时，他应征参军，在南非的战火中认识了温斯顿·丘吉尔，两人遂成生死之交。

在认识香奈儿之前，本多尔也曾有过两任妻子。是时，他已经结束了第二段婚姻，正在自己的四桅纵帆船上环游世界。但自从这年夏天，他在巴黎看过一次《蓝色列车》的排演之后，就对儿时密友维拉・贝特口中的香奈儿小姐念念有思。而几个月后，当他再次从维拉口中得知香奈儿也在蒙特卡洛时，他便立即决定在飞云号上大摆筵席，邀请香奈儿做宴会的女主角。

如果说米西亚是香奈儿走进先锋艺术圈的领路人，那么维拉就是香奈儿进入英国上流社会的最佳媒介了。

出生于英国的维拉本是一名孤女，儿时被母亲抛弃，但她很快被英国皇室成员收养，长大后又出落得明艳优雅，乖巧动人，可谓是英国上流社会的宠儿。

1923 年，维拉与香奈儿相识后，不久就成了香奈儿的公关经理。香奈儿给了她一份丰厚的薪酬，而且她也不需要工作，只需要穿着香奈儿的最新设计，往返于英法之间即可。而她给香奈儿带来的，不仅有着来自英国皇室的订单，还有香奈儿在英国上流社会中日益发酵的知名度。可以说，维拉即是香奈儿进军英国贵族市场的一张名片。

但香奈儿没想到，维拉除了尽心为她工作之外，还非常热心地想要做她的红娘。或许在她看来，能与香奈儿匹配的男士，必须非富即贵，而当时那个只会为香奈儿写诗，又阴晴不定，同时还贫穷已婚的勒韦迪，实在不能入她的法眼。况且现在，本多尔已经恢复了单身，对于香奈儿来说，应该是个不错的选择。

1924年的秋天，在种种“因缘巧合”之下，香奈儿终于和本多尔在“飞云号”上相遇了。

几天后，手脚麻利的《明星报》记者便撰文告诉一心想知道西敏公爵私生活的读者们：“整个蒙特卡洛将因西敏公爵的到来而蓬荜生辉……‘飞云号’上的女主角，是一位非常美丽且有才华的法国小姐，掌控着巴黎的一个大时装公司……她会成为新的公爵夫人吗？”

尽管记者的猜测还为时过早，但时间也会证明，本多尔的确对香奈儿动了真情。

回到巴黎后，维拉又为香奈儿物色了一位新男友——不知是收到了香奈儿对本多尔不感兴趣的信号，还是出于别的原因，她紧接着就把自己的表哥，同时也是本多尔的朋友——威尔士亲王介绍给了香奈儿。

然而在本多尔与香奈儿的故事里，威尔士亲王的出现也不过是个插曲，以此来衬托主角为爱痴狂的浪漫。

在威尔士亲王与香奈儿共赴过一次皇家晚宴之后，本多尔便马不停蹄地赶到巴黎，就像初次恋爱的少年一样，他捧着一束鲜花，出现在了香奈儿的门口。这一次，他将邀请香奈儿去他的伊顿庄园游玩：“只要你愿意，你就是庄园的女主人。”

不过香奈儿并未答应，而是将约会定在了下一次。一来，她的工作确实很忙，不容随时分身；二来，欲迎还拒——浪迹情场多年的她，早已深谙此法。

于是，接下来，本多尔只能隔着英吉利海峡频繁向香奈儿示爱。当时的威尔士亲王也只好退出了爱情之争。本多尔则露出胜利者的微笑，声称香奈儿是为他量身定制的女人。

于是，她隔三岔五便会收到他派专机送来的情书，以及附带的各种礼物，比如伊顿庄园的鲜花和水果，他最新看中的珠宝首饰，刚钓上岸还活蹦乱跳的苏格兰鲑鱼……或者，是他亲自登门的邀约，在夜幕时分登临“飞云号”，一起品尝美酒，然后欣赏星空下迷人的海岸线。

一切就像童话里的爱情，国王爱上了骄傲的公主，期望用情话和礼物打动她的芳心。然而他不知道，自己需要征服的，其实是一位独立的女王。在她心里，除了自己，她的人生不会为任何人量身定制。

但香奈儿最终还是没有拒绝这份爱情，她渴望被爱是不争的事实。至于婚姻，完全是另外一回事。所以，当勒韦迪彻底退出她的生活之后，她的名字便终于出现在了伊顿庄园的管家日记里。

伊顿庄园是本多尔最钟爱的一处地产，位于英格兰西北部的柴郡，景致独特，规模壮丽，堪比皇宫。那些年轻的皇室亲王是庄园的常客，他们来这里参加宴会，饮酒跳舞，纵享激情。

虽然香奈儿已经亲历过巴黎的奢华，但本多尔这边享受财富的方式还是让她耳目一新，带着流传了几个世纪的荒诞，又像一个无比真实的梦境。

她将看到，比客人还要多的仆人穿着整齐的制服在打扫房间，每个房间的银器都被擦得晶亮，为打猎准备的松鸡和为垂钓准备的鲑鱼也已经到位；在庄园的车库里，17 辆劳斯莱斯随时准备待命；两艘由军舰改造的豪华游轮正停泊在港口，她甚至疑心那些一直待在船帆旁边的船员，是不是被画在了艉楼甲板上。

于是，来到庄园之后，香奈儿首先就要求管家给她一张建筑平面图，以防止在星罗密布的画廊、沙龙和房间中迷路。

而在那本年代久远的管家日记里，香奈儿则被称为“小姐”，某位管家记道：“今天，小姐捕获了一条 7，7 公斤的鲑鱼，打破了公爵的记录，真是巾帼不让须眉……”“今天，丘吉尔先生来访，公爵亲自策划了狩猎派对，小姐的骑术获得了全场的称赞……”

其中有一段关于采草莓的小插曲，更是颇有趣味——有一天，香奈儿和本多尔在庄园里散步，突然发现山谷里隐藏着一间温室，里面种植着大片的草莓，正成熟得娇艳欲滴。然后他们径直奔向草地，像两个大小孩一样采摘。不过到了第二天，当他们再去时，温室已经上了锁。园丁总管急忙解释道——他估计从没想过主人会去摘草莓：“公爵，是我把门锁上了，非常抱歉，昨天有贼偷了草莓……”

公爵心虚地说：“贼……就是小姐。”

而香奈儿却从本多尔那个心虚的眼神中，看到了他对自己真

切的爱意。

1927年，与香奈儿成为密友的丘吉尔在苏格兰发出了一封信件，其内容也佐证了这一段甜蜜时光："可可取代了维尔利特（本多尔的前妻）。她从早钓到晚，两个月内已经捕获了50条三文鱼。她亲切可人，优秀坚强，完全有能力控制一个男人或是掌控一个帝国。本尼（丘吉尔对本多尔的特别昵称）也很好，我很高兴他能找到一个旗鼓相当的人。现在我们三个在河边，所有的鱼都是我们的晚餐……"

除了伊顿庄园，本多尔在世界各地都有房产。只要香奈儿得空，他就会陪着她一起乘坐私人游艇，去往苏格兰的雷伊森林，或是多维尔的城堡，还有其他的庄园，钓鱼、狩猎，或是参加马术障碍赛。

晚年时，香奈儿还记得他们去法国西南部朗德省的米米藏猎野猪的情景。

一开始，大家都兴致勃勃，那里的野猪精壮而味美。但走到森林深处时，却发生了一点小意外，某位猎手不小心射中了一截松枝，断裂的枝节刚好砸在香奈儿的嘴唇上，顿时皮开肉绽，鲜血直流。

"是哪个笨蛋干的？！"在本多尔的震怒下，狩猎被中途取消。他又赶紧令人将她扶到地上，但血还是没能止住。由于没有随行的医生，后来只能请来一名当地的兽医用猪鬃为她缝合了伤口。结果，在连夜赶回巴黎的列车上，她的两只新宠物——一只猴子和一只鹦鹉又一直打架，更糟糕的是，它们竟将她的裙子当成了战场……“跟本多尔在一起，那是我第一次精神崩溃。”

另外，通过米米藏的狩猎，亲眼见证香奈儿能力与魅力的丘吉尔再次在家书中表达了对其的喜爱与赏识：“著名的可可出现了，我很喜欢她……她精力超好，每天打猎，晚饭后还能骑着摩托车去巴黎。今天她要给无数个人体模特穿上衣服，然后再进行修改，3 周，200 个模特，她需要全部解决，有些甚至改了 10 次。所有的工作都是她亲力亲为……她的强势性格连本尼都自叹不如。”

但当强势的可可谈起本多尔的为人时，也曾不失温柔地表示，他代表着维多利亚时代的风度与优雅，且有着国王的羞怯，就像是被身份和财富孤立起来的人。

“他是最后的国王，古老文明的珍品，我最大的快乐，就是看他经历生活。”她说。

的确，他富甲天下，却愿意穿着一双古旧磨损的鞋子越过沙丘与泥坑，不过，鞋带必须每天熨烫三遍；他代表了优雅的本身，却喜欢恶作剧，把客人的一件外套穿上二十五年；他是一个出色的猎手，也是一个颇具下午茶心得的绅士；他懂得品鉴一件稀世珍宝，并可以将它放在枕头下给恋人制造惊喜；他也对自然界的花朵发自内心地喜爱，最使他快乐的事情，就是为巴黎的恋人送去在草地上采摘的第一朵雪莲花。

所以，无关身份与财富，本多尔的生活方式才是真正带给香奈儿启示的东西。他的那些独特又美好的品质，不仅让她获得了爱的愉悦，更让她从中发现了乐趣和灵感，继而发扬光大，受益终生。

PART 4

不畏年龄，随时有底气去爱任何人

你可以在30岁的时候优雅，40岁的时候迷人，余下的一生都让人无法抗拒。

——可可·香奈儿

如果说优雅是懂得拒绝，那么拒绝便是一种保全。

17

她拒绝了英国首富的求婚

伊顿庄园的管家日记里曾记载了一件趣事，那是1927年的春天，“小姐”趁一位男仆早晨做家务时，竟“借”走了他的背心，穿在了她自己的身上，而她的脖子上还戴着数串洁白优雅的项链，这样的搭配看起来十分怪异，却又有着一种无可比拟的迷人。

不过，随着“小姐”来伊顿庄园次数的增多，仆人们对这样的事情便见怪不怪了。

不久后，香奈儿和维拉便同时光临了伊顿庄园，而在第二天早上，人们就发现，她们居然从上至下，从内而外，都换上了公爵的衣服。她们在花园里闲逛，谈笑，旁若无人。至于他们的“小姐”，更是经常穿着公爵的衣服出门，有次还戴着飞云号上的某名水手的帽子。

当然，他们也不过是以为，这位小姐是一时兴起，玩世不恭，却不知道，她正是在那些英国男士服装中汲取的灵感，然后才设计出了影响深远的“香奈儿英伦风”系列。

这个系列一经上市就获得了认可。她用公爵西装的面料——苏格兰斜纹软呢为原料，配合精致的镶边与剪裁，创造出了简洁干练的斜纹软呢女性套装系列，其优雅、率性、时尚、高贵的风格，大受名媛与独立女性的喜爱。直到今天，这个系列也是与“小黑裙”比肩流传的香奈儿经典，而风靡全球的“小香风”就是在向这个系列致敬。

1927 年初夏，英国《时尚》杂志发布了一则重磅消息：“香奈儿”正式登陆伦敦。杂志用最大的篇幅刊登了香奈儿的作品，塔夫塔绸的晚宴长裙，时髦的蕾丝小黑裙，高贵典雅的小礼服，还有一条是宝蓝色的丝裙——香奈儿曾穿着它在伊顿庄园大宴宾客时惊鸿一现。

记者还诗意地写道：“香奈儿，法国最有名的高级定制服装设计师，她的精品店已经在伦敦落地扎根。新店铺位于古老的安妮女王时期的精美华宅内，年轻苗条的模特们穿行其中，像是要觐见陛下的宫廷女子，清雅高贵，醉人心扉，胜过幽谷里盛开的百合花……”

这家新店铺正是本多尔的房产，且毗邻他在梅菲尔区的另一所宅邸，他经常站在自家的阳台上，一俯身就可以眺望到恋人在店铺忙碌的倩影。如果香奈儿一有空闲，也可以通过几步之遥，去与本多尔共享一杯下午茶。

随着香奈儿伦敦分店的开设，英法两国八卦杂志的记者们又不禁议论纷纷，香奈儿来到伦敦，用本多尔的房产开店，是不是就预示着，她与西敏公爵之间的好事将近？

同时，昔日的小安德烈也已经长大成人，结婚生女，并在香奈儿的公司找到了工作。为了感激姨妈对他多年的悉心照顾，他给刚出生的女儿取名“嘉柏丽尔”，希望用这样的方式，让恩情和亲情交织延续。而现在，本多尔成了小嘉柏丽尔的教父。记者们还捕捉到了本多尔抱着小婴儿的画面……

其实早在认识本多尔之前，香奈儿就有了进军英国上流市场的野心，要不然，她也不会对维拉倾心栽培。或许对于她来说，爱情只是这份事业计划之外的附加产物，但现在，她也不可避免地喜欢上了这份产物。所以，**她愿意为他腾出时间、精力，还有一个独立女性内心那不可多得的温柔。**

她也曾向莫朗透露，与本多尔相恋之后，她已经快速地走进了他的社交圈，这仿佛就是一种本能，她可以与他们相处融洽，有时风头甚至盖过本多尔。但本多尔却不同，他不喜欢香奈儿身后的先锋艺术圈，她那些没完没了的工作也总让他失去耐心——香奈儿形容本多尔就像一只“焦急徘徊的老虎”，他永远都是被动的，活在无休止的等待中，等待香奈儿工作的结束，等待她回到他的身边——那时，他又像流浪汉一般的单纯。

本多尔不止一次地提出，请求香奈儿放弃工作——公爵的女人，自然不需要工作，也不可以工作。

但显然，那是不可能的。香奈儿爱她的事业胜于一切，她说过：“我永远都不可能把我的时装公司弃之不顾。”她非常明白自己想要的是什么，与本多尔在一起时的度假生活只能作为调剂，如果让她天天过那种日子，想必她很快就会生厌——那不过是一个高级版的罗亚尔庄园罢了。

在甜蜜与心计交织的屡次商议中，她决定暂时迁就他，在伦敦开设一家分店，如此即可兼顾巴黎的工作，还有更多的时间与他近水楼台。

伦敦分店一开张就迎来了火爆的生意。维拉之前的铺垫，再加上香奈儿的影响力，以及本多尔的身份加持，这时都产生了效应。开业那天，约克公爵夫人，也就是未来的英国女王，同时也是香奈儿的好友，带着她的贵族闺蜜团亲临店铺，并成为香奈儿的忠实客户。

“我从未经历过失败，我所做的一切都是从头至尾的成功。”诚如此言，香奈儿的事业又一次在伦敦成功了。

但她的爱情遇到了从未有过的烦忧，一个残酷的事实摆在了她的面前，也横亘在了她与本多尔之间，那就是，时年 44 岁的她（不过，她喜欢对人虚报年龄），已经失去了孕育孩子的能力。

其间，她也曾遍访名医，可遗憾的是，一直到 1929 年，她依旧没有怀孕的迹象。

而对于本多尔的求婚，她也依旧维护着自己的骄傲："为何要结婚？我们在一起就可以了，人们对此也默许了，不是吗？"末了，她干脆扭过头去，抛下一个上帝才知道的答案，"等我有孩子了再说吧。"

本多尔却不愿意再等待下去。

尽管他深爱着香奈儿，但他也急需一个儿子来继承他的爵位和财产。所以，他只能继续物色新的情人，一位可以为他延续子嗣，担当继承大任的年轻女郎。

这份爱情便不可避免地产生了嫌隙。在反复的争吵与和好之间，香奈儿很快就感觉到了厌倦。

1929 年的夏天，开往多维尔的"飞云号"上，一封来自威尼斯的电报打破了原本平静的氛围——电报上写道，迪亚吉列夫病危，请香奈儿与米西亚速来。

当时，两位女士正好都在船上。米西亚因为赛特又爱上了别的女人而整天跟在香奈儿身边以寻求安慰，闻讯后，脆弱的她当场悲痛大哭。香奈儿也神情忧悒。本多尔赶紧令人将"飞云号"开到威尼斯。

匆匆赶到酒店后，她们终于见到了迪亚吉列夫。情况很不乐观，他的糖尿病已经迅速恶化，医生也表示无力回天。最后，在一阵恋恋不舍的喃喃自语中，他永远地闭上了眼睛。据米西亚回忆，他念叨的是对两位女士的感激：“她们看上去是那么的健康和年轻……谢谢我真诚的朋友，谢谢你们一袭白衣来送我……”

这时的俄罗斯芭蕾舞团也依旧入不敷出。迪亚吉列夫过世后，米西亚替他付清了酒店欠费，香奈儿则承担了葬礼的所有开销，将他的遗体安置在威尼斯的圣米歇尔公墓，那里松柏青翠，白墙逶迤，如同舞动的芭蕾。葬礼上，女士们全都一袭白衣，为他送行。

而当香奈儿回到“飞云号”时，却与本多尔发生了激烈的争吵。据说是因为香奈儿发现了本多尔不忠的痕迹，这让刚参加完葬礼的她觉得受到了侮辱。

从威尼斯到蔚蓝海岸的某个海港，他们都一直僵持着，香奈儿在甲板上抽烟，不许任何人靠近。本多尔则离船上岸，试图平息情绪，然后想办法修复他们之间的关系。

于是，船上的人们将看到，公爵再次回到船上时，手中已经多了一条价值连城的祖母绿项链。他的脸上也浮现出爱意深浓的微笑，转而将项链放到了香奈儿的掌心，同时向她亲密耳语：“可可，请求你嫁给我。”

是夜，依旧是清风拂面，依旧是海浪呢喃，依旧是月光照耀在甲板上，依旧是他含情脉脉的双眼……一切宛如最美的初见，一切也符合每一份爱情的甜蜜梦想。

然而，她的心境却仿佛经历了沧海桑田。

从前渴求过的东西，如今触手可及，却突然失去了追寻的意义。

所以，就在项链抵达她掌心的那一刻，她看到了他们爱情的源头，也看到了他们爱情的终点。

她将那条项链抛入了大海，在满船人的惊诧目光中，亲手为他们的关系画上了一个句号。

自此之后，香奈儿与本多尔的恋爱关系便已覆水难收。

1930 年春天，本多尔火速订婚了。对方是一位英国王室官员的女儿，名叫莉莉娅·庞森比，优雅，漂亮，温驯，家世良好，当然，最重要的是她非常年轻。但戏剧性的是，本多尔竟然带着自己的未婚妻来到巴黎，要求与前任情人会面。

据莉莉娅回忆，她当时去巴黎见香奈儿，完全是出于被迫。这样的被迫让她感觉非常紧张，就像是去见面试的考官。而事实上，这也的确是一场面试。本多尔告诉香奈儿，他会不会正式迎娶莉莉娅，将取决于香奈儿的意见。

就这样，未来的公爵夫人坐在香奈儿寓所的一张小凳子上，等待着时尚女王的接见。几分钟后，香奈儿恰到好处地出现在了莉莉娅面前，她穿戴整齐，容光焕发，坐在一张豪华的大扶手椅上，身后是名贵的乌木漆面屏风，看起来气势凛冽又光彩炫目。这让莉莉娅瞬间便失去了气场，尤其当她看到公爵的目光始终都停留在香奈儿身上时。为了化解尴尬，莉莉娅决定从时尚的角度寻找话题……她告诉香奈儿，她曾在圣诞节收到过一条香奈儿项链。香奈儿随即让她描述项链的样子，但香奈儿很快便终结了话题："不可能，那条项链不是出自我的品牌，我从未设计过这样的货色。"

而之后，香奈儿也没有给本多尔任何关于莉莉娅的意见，她冷漠而骄傲地告诉他："除了我，你其实可以娶任何人。"

他对她说："我失去了你。我不习惯没有你的生活。"

她回答道："我不爱你了。和一个不爱你的女人同床共枕，你会感到开心吗？"

显然，和一个不爱的人结婚，本多尔从未感到过开心。

但纵然如此，他还是无法放弃对继承人的渴望。

于是，从巴黎离开后，本多尔就和莉莉娅举行了婚礼。而本多尔却在新婚后的第二天，就赶到巴黎去见香奈儿。之后，他们也依然保持着朋友的关系，一直到本多尔过世——遗憾的是，本多尔到过世也没能拥有子嗣。而放眼香奈儿的一生，她竟与所有相恋过的情人都保持着朋友关系，也没有人说过她的是非。这不得不说，是香奈儿的另一种魅力和魄力。

直至多年后，香奈儿才感叹道："我爱过两个男人，而当要结婚的时候，我所能做的，只有尽力让他们另娶他人。"

昔日，她无法给卡柏想要的贵族身份，而看着他在婚姻里弃她而去。彼时，她又无法给本多尔想要的陪伴和子嗣，而不得不将他推远，骄傲地转身。

她一生苦心寻求独立，却不曾想过会与婚姻相悖。

她是典型的狮子座女人，在爱情的世界里，如果对方不够强大，断然无法获得她的倾心，而那些获得她爱意的人，又无法珍视她的独立与强大。

但愿人长久，世事古难全。

不知道这是不是一种遗憾。

或许是吧。想她骄傲了一世，滴水不漏了一世，然而在晚年时，黯淡了刀光剑影，在她最喜爱的小嘉柏丽尔面前，也会卸下所有的防御，对她柔声说道："去过简单的生活吧，和你所爱的人，还有孩子在一起，享受每一天，这才是真正的生活。"

聪慧如她，每一次爱情都会成为一道灵光，照亮她的事业，激活她的才华。

脆弱如她，每一次情伤都会成为一道伤疤，让她在不为人知的地方，给自己再披上一层铠甲。

如果说优雅是懂得拒绝，那么拒绝便是一种保全。

她要保全她的自尊，她的骄傲，她的事业。她特立独行，桀骜不驯，宁折不弯，既要保持视若珍宝的个性，也要保全爱情的善始善终和一位传奇女子的体面。一如她所说的那句醒世箴言："公爵夫人可以有很多，但可可·香奈儿却只有一个。"

人生就是一个且行且学的过程，亦如逆水行舟，不进则退，即便不为打败对手，也要为了超越自己。

18

起驾好莱坞：一场百万美金的豪赌

1931 年 1 月，《纽约时报》刊登了一则引发大洋两岸热议的新闻：“有史以来最伟大的时尚大师——可可·香奈儿小姐，将受邀亲临好莱坞，首次为电影明星设计戏服……香奈儿小姐，势必会以她独特的天才设计，创造出一种崭新的好莱坞时尚品位，继而改变美国女性的着装风格……”

两个月后，香奈儿便如约抵达了纽约。她的出现，不仅印证了《纽约时报》的报道，还让守候在酒店大堂的记者们集体沸腾，其魅力甚至盖过了好莱坞的著名影星。当天，在皮埃尔酒店的豪华套房里，她穿着一套红色的运动套装，搭配珍珠项链，眼神锐利，斩钉截铁，一如女王驾临，有着不可侵犯的气场。

接受记者采访时，她直言不讳地回答，她喜欢人造珠宝，喜欢用人造珠宝来搭配便装而不是晚礼服；她又宣称自己喜欢短发，某种发型的流行不过是因为几个聪明的女性带头，时尚就是一种效仿；至于香水，她认为女人喷洒香水是为了制造神秘感，而男士应该保留自己最真实的味道……最后，当记者问起她与好莱坞的合作时，她也不愿过多透露："这只是一个邀请……我将为戈德温先生的女演员设计戏服，但一切都要等看到他的女演员才能确定。"

是的，戈德温先生——塞缪尔·戈德温，正是这位电影制片大亨，邀请香奈儿来到了好莱坞。

三年前，因为狄米崔大公的引见，戈德温在蒙特卡洛认识了香奈儿——当时，狄米崔已经娶了一位美国女继承人为妻，与美国上流社会保持着密切的联系。而戈德温，则一心想请香奈儿去好莱坞为他的电影设计服装，希望用时尚来带动票房——女人为何要走进电影院？无非两点，一是为了看电影和明星，二是为了看最新的时尚。

其间，戈德温为了达成心愿曾三顾巴黎，也曾开出百万美金的高价，但一直到 1931 年，香奈儿才答应与他签约。如今想来，原因大约也是两点。

一是为了自救。

1929 年 10 月 24 日，美国的“黑色星期四”，那一天，华尔街股市崩盘，经济大萧条时代随之来临，并很快席卷整个资本主义世界。没有人知道，有多少富豪在一夜之间变得一无所有，又有多少普通人突然失去了工作。就像某个驻扎巴黎的记者报道的那样：“巴黎的精品店受到重创，客人纷纷取消订单，就连丽兹酒吧那些美丽的小姐也要自付酒钱……”

这也直接打击了香奈儿的奢侈品生意——她很多大客户凭空消失了，销售额正在迅速下跌。即使她表面冷静如常，也将商品价格屡次下调，但依然不能扭转乾坤。在很长的一段时间里，她的公司都只能由“香奈儿 5 号”的利润支撑运转。所以，如果能在短时间内进账一百万美金，倒是很有可能帮助公司渡过面前的难关。

二是为了还击。

香奈儿一生骄傲，一生树敌，却很少在事业上出现对手，也是因为她很少将那些同行视为对手。但彼时，她终于闻到了危险的气息，真正的劲敌出现了，以“非常不友好”的姿态，向她公然挑战——而且，这场战争还将延续多年，并伴随着既生瑜何生亮的火药味，那就是她从不肯直呼其名的“那个意大利女人”，时尚设计师艾尔莎・夏帕瑞丽。

如果说香奈儿是唤醒女性独立意识将她们从束缚中解救出来的自由女神，那么夏帕瑞丽就是呼吁女性像顽童一样生活的超前卫时装的开山鼻祖。

比香奈儿小十三岁的夏帕瑞丽出生在一个罗马贵族家庭，自小接触艺术与绘画，个性洒脱叛逆，同时也才华横溢。1927 年，因为一段不幸的婚姻失去所有财产的夏帕瑞丽来到巴黎从事服装设计，不久便以一件儿童涂鸦式的针织套衫在服装界崭露头角。

在《时尚》杂志的一次采访中，她把自己描述成一个用服装作画的设计师，善用各种五花八门的颜色（这点可谓直接站在香奈儿简约风格的对立面），想象力就是她的创造力，个性就是她灵性，“永远不要让衣服去适应你的身体，而要训练你的身体去适应衣服”“女人就是要活得惊世骇俗”——是不是有点耳熟？的确，和香奈儿一样，她也善于创造“时尚箴言”，善于在各种领域寻找灵感，且与艺术圈关系密切——她曾数次邀请萨尔瓦多·达利参与她的创作。

到了 1930 年，当初单枪匹马勇闯巴黎的夏帕瑞丽已经可以隔着丽兹酒店向香奈儿叫阵了——短短几年时间，她就成了《时尚》杂志热捧的服装设计师，在巴黎声名鹊起，还把自己的服装公司开到了芳登广场，正对丽兹酒店的大门，而香奈儿的沙龙面对的却是酒店的后门。在一次新品发布会上，当记者问起夏帕瑞丽是不是要向香奈儿挑战时，她甚至嘲讽道：“可怜的香奈儿，我走的是正门，而她只能走后门。”

兵临城下，时局动荡，对手斗志昂扬，销量持续下滑，一向稳重骄傲的香奈儿也不得不正视夏帕瑞丽的挑衅。尽管她对这样的方式表现出了不屑和鄙夷，但她深知对手的分量，因为“那个意大利女人”实在是太像当初的自己了。所以，为了应战，香奈儿也希望这次好莱坞之行，可以帮她寻找到新的灵感，以及让品牌影响力更上层楼。

那么，在经济大萧条的旋涡中心，在“千百万人只因像畜生那样生活，才免于死亡”的国家，还有人愿意走进电影院，为时尚买单吗？

在戈德温看来，他的电影就是要给人们提供一个避世的桃花源，一个奢华的乌托邦，在现实中无路可退的人还可以在那张大银幕上，安放他们对爱情和传奇的不死梦想。

只是无论戈德温怎样自信，依然有媒体不太看好香奈儿的好莱坞之行。“显然，这是一场百万美金的豪赌，前路充满挑战，香奈儿能否征服好莱坞，好莱坞能否接纳香奈儿，一切尚未可知，且让我们拭目以待……”一位《纽约客》的记者不无担忧地写道。

对于香奈儿来说，与其说她相信好莱坞，不如说她信任戈德温。毕竟戈德温除却巧舌如簧之外，作为电影工业的先驱之一，还有无与伦比的实力和雄心。比如她一踏足美国，就见识到了对方的公关本领——皮埃尔酒店的记者如潮，显然就是他精心造势的效果。

接下来的行程，更让香奈儿对戈德温的本事心悦诚服。

为了塑造出时尚大师抵达好莱坞的气势，戈德温特意安排了一辆布满鲜花的白色有轨电车给香奈儿当御驾。还有一小队经过细心甄选的美国记者，将享用着列车上提供的法国香槟和俄罗斯鱼子酱，对香奈儿的好莱坞之行进行事无巨细的全程播报。

当列车抵达洛杉矶的车站时，恰逢天公作美，绚烂的阳光照在香奈儿的墨镜上，让她看起来气势如虹。著名影星葛丽泰·嘉宝用一个香吻迎接了这位这位时尚女王，在镁光灯的见证下，各大纸媒第一时间报道了“两位女王的相遇”。

是夜，香奈儿又出席了一场戈德温为她举办的欢迎酒会，气派程度令人咋舌，首先由来自巴黎的时装模特展示香奈儿的设计，其后又有马琳·黛德丽、克劳戴·考尔白及凯瑟琳·赫本等众星捧月。来自各地的媒体记者们更是彻夜未眠，一番激动的记录现场后，他们都将争先恐后地赶制第二天的头版头条。

另外值得一提的是，香奈儿对明星并无多大兴趣，但对凯瑟琳·赫本却另眼相看。当时凯瑟琳还是一位初出茅庐的银幕新星，年华正好，桀骜不驯。她那满脸骄傲的小雀斑，和对宽松毛衣和裤装的钟情态度打动了香奈儿。她们相互吸引，并保持了终生的情谊。多年后，身为奥斯卡影后的凯瑟琳还参演了香奈儿的自传音乐剧，本色演绎可可的一生。香奈儿也曾说，凯瑟琳让她看到了年轻的自己。

为了配合香奈儿的工作，戈德温还专门组建了一个戏装部门，近百名女工将对新来的时尚大师唯命是从。

芭芭拉·维克斯是第一位将香奈儿戏服穿上大银幕的明星。香奈儿为她在《全盛时期》的角色设计了一个系列的服装，以一贯的简洁流畅，让芭芭拉看起来更符合影片人物的身份，青春无邪，魅力十足。

影片《希腊人有一种说法》则是香奈儿在好莱坞的第二次银幕秀，她给三位女主演设计了几十套服装，以她独到老练的法式优雅，诠释了风头正劲的美式风情。

只是，制作完该片的戏服之后，香奈儿就回到了巴黎。

她与戈德温的第三次合作——为默片时代的著名影星格洛丽亚·斯旺森设计服装，是在康朋街完成的。

斯旺森将在《今夜不再来》中饰演一位大明星。但现实中，斯旺森却需要忍耐着怀孕的不适，远渡重洋来到巴黎，接受香奈儿的量身与训斥。斯旺森回忆说，当时她为了遮掩隆起的腹部，事先穿上了束腹，香奈儿却因此大发雷霆，认为她没有权利破坏裙子的曲线，并下令让她立刻减肥。她只好说出了怀孕的事实，而这一事实也险些让她失去了参演机会。最后，还是香奈儿想到了一个两全之策，她亲自为斯旺森设计了一款束腹装，既可以勾勒曲线，又不会损伤胎儿，如此，斯旺森才得以在银幕上瞒天过海。

然而《今夜不再来》上映后，票房依旧低迷，好在口碑还不错，算是给戈德温捞回了一点面子。同时，《纽约客》也写道："在这一部优秀作品里，香奈儿的设计功不可没……”而在另一本杂志上，嘉宝也锦上添花地告诉媒体，如果没有香奈儿，就凭她的小帽子和雨衣，不可能将角色演绎得那么完美……

那么香奈儿这趟短暂的好莱坞之行算不算完美呢？又是什么原因让她离开好莱坞，终止往后一年一度的百万美金的契约？

多年之后，在她与莫朗的谈话中，我们或许可以沿着其中的蛛丝马迹，去寻找那些掩藏在时光深处的答案。

她说：“有人说巴黎的时尚将被纽约取代，经由好莱坞传播，我不相信。虽然电影在时尚界引起了原子弹一般的效应，动态图像影响了全球，但好莱坞依然没有真正创造出一种时尚形式和风格，没有真正触及内心和灵魂的东西，而这也正是设计师们与古老文明的特权……

“美国人多次请我去加利福尼亚推动时尚发展……但金钱和技术并不能代表全部。比如葛丽泰·嘉宝，她是银幕上的伟大艺术家，却也是上流社会中最没有时尚品位的女人。”

一言以蔽之：“奢华在美国，奢华的精神却潜藏在法国。”

按照香奈儿的言下之意，嘉宝是美国（好莱坞）的代表，那法国的代表自然就是她本人以及她的作品。然而她试图用自己最好的作品，去唤醒角色的内心，改变电影的品位，却没能获得好莱坞制片大亨们的一致认可。

可见这场合作从一开始就存在分歧，这也是无法用才华和财富改变的残酷现实。制片方希望她设计出来的戏服是衬托，而不是唤醒；是提升，而不是改变；是性感妩媚，而不是端庄优雅。

香奈儿无法接受。

这对于她的才华，无异于明珠暗投。

所以，她终止了后来的契约，离开了美国，并声称“从此再也不会受制于人”——在好莱坞，才华是为金钱服务的，无论你是导演、明星，还是设计师，都要听从于制片方，制片人才是最后的仲裁者。

而香奈儿的经历也不禁令人想起玛丽莲·梦露的那句肺腑之叹：“好莱坞是这样一个地方，它会为你一个吻付 1000 美元，而你的灵魂只值 50 美分。”

尽管与制片方在价值观念与设计理念上没有达到完美的默契，但香奈儿的好莱坞之行还是收获颇丰。

先是戈德温如期支付了薪酬，一百万美金分文不少，让香奈儿的公司安全渡过了经济危机；后又得益于戈德温的公关宣传，无疑给香奈儿做了全球的免费广告——每部她参与设计的电影，都会在剧终时表明，该剧服装源于香奈儿。

除此之外，还有两个意外的收获。

一是香奈儿会见了《时尚芭莎》的主编卡梅尔·斯诺，以及美国版《时尚》杂志的主编玛格丽特·凯斯——多年来，这两位女士都在决策者美国女性对时尚的审美，换言之，她们手中的权利与“香奈儿”产品在美国的知名度息息相关。而这一次会面，也成功地让她们仨达成了某种神秘的默契——此后的很多年，“香奈儿”都曾在美国创下销售奇迹。

二是香奈儿在美国停留时，认真观摩了美国各大百货公司的销售模式，学习到了宝贵的经验，并将个中精髓注入了康朋街，比如自助式营销——人生就是一个且行且学的过程，亦如逆水行舟，不进则退，即便不为打败对手，也要为了超越自己。

最后，打开 1931 年的《名人堂》杂志，香奈儿的芳名已赫然在目：“可可·香奈儿，不仅是一名才情卓越的设计师，还是一名法国艺术家，在她身上，我们可以看到商业，艺术和才华的完美融合。”

如此，这场轰轰烈烈的“百万美金的豪赌”总算是体面地落下了帷幕。

哪怕时间之轮依旧滚滚向前，香奈儿的人生依旧如战场，她需要征服命运，需要应战对手，也需要打碎自己，塑造不败金身……前路漫漫，不可止息。但经此一役，她在法国乃至整个欧洲的时尚地位，再也无人可以撼动。

黑色包容一切，白色亦然。它们的美无懈可击，绝对和谐。在舞会上，穿黑色或白色的女子永远都是焦点。

19

历尽千帆，依然心如少女

在古老的传说里，钻石是天神的眼泪，是星河的碎片，是光明的象征，是神秘的无可征服的力量。

在女人的心底，它是奢华的化身，是时间的见证者，也是忠贞之爱的诠释。

而在香奈儿的眼中，“我喜欢钻石，它最小的体积里，蕴含着最大的价值”。**钻石代表的是一种自我精神，无往不利，无坚不摧，贵不可言，光芒耀世。**

1932 年 11 月 1 日，香奈儿在巴黎举办了个人钻石珠宝展。

她将地点选在自己圣・奥诺雷街的府邸，沉寂古老的乌木漆面屏风，从天而降的白色绸缎，水晶灯照耀着白绒地毯，犹如皑皑雪光，圣洁而炫目。没有真人模特，半身蜡像被封锁在玻璃橱窗里，展示着精美绝伦的钻石首饰，像是被时光封缄的美人和秘藏。

展会持续了半个月，每天人潮如织。为了展会的安全，所有的蜡像都有配枪守卫保护。按照香奈儿的指示，所有的门票收入都将捐给幼儿慈善机构。

但依然有记者对香奈儿的做法表示费解。

之前的20年代——甚至是一年前在美国接受访问时，香奈儿都一直在推荐她的人工珠宝，“为何要迷恋那些美丽的石头呢，不如在脖子上挂一张支票”——这句话曾随着她的作品在坊间广为传颂。她自己也喜欢把情人送给她的首饰拆卸下来，和人工珠宝一起佩戴。

而现在，在经济大萧条的时代，在饥寒交迫的巴黎，每天都有那么多的人缩衣节食，为何她又要大张旗鼓地推出天然珠宝，且是最为稀有昂贵的钻石系列呢?

对此，香奈儿给出的解释是，正是因为经济不景气，才让她产生了探询事物真正价值的想法。

那么依照香奈儿的说法，对于钻石而言，它真正的价值并非它的身份和质地，而是通过它的身份和质地，用设计师的才华和匠心，来唤醒它的能量，呈现它的新生，继而实现它最大的价值。

因此，几个月前，当钻石公会放弃芳登广场那些珠宝大亨，别开生面地邀请香奈儿为他们推广钻石时，她接受了。“相信您那点石成金的才华，能让钻石发出璀璨的光芒，照耀这个苦难的时代。”——钻石工会随即出借给她一批总值高达数千万法郎的钻石，她将全权负责设计和展示。

于是，所有参展的人都将大饱眼福，叹为观止，仿佛踏足一个星河倒流的世界。

星空，正是这个设计系列的主题——香奈儿说，她要倾倒巴黎的夜空，为女性披上一身星辉：

比如“彗星”项链，数百颗钻石镶嵌在铂金中，一颗闪耀的大星延伸出六根瀑布一般的长尾，如彗星划破天穹，光芒滑落脖颈，粲然生辉，皎洁如练。

比如流苏式样的发饰，不仅可以拆卸成手镯，让人任意佩戴，而且美得动人心魄，不禁让人联想到“法老之妻”的头冠，钻石成为刘海儿，又像薄纱一般覆盖住美人的额头，瞳眸潋滟，一眼万年。

还有蝴蝶结的项链，“太阳”的胸针……人们将发现，在香奈儿的美学世界里，钻石也可以变得如此轻盈柔和，如丝绸，如流水，如花开，缠绕于手腕，流淌于指间，盛开于发端。

果然，不负钻石公会的期许——香奈儿的珠宝展会开办仅两天就有媒体传来捷报，戴比尔斯公司的股票在伦敦证交所已经上涨了 20 个百分点。

美国媒体也趁热打铁地评价道："香奈儿用她绝美的创意，赋予了钻石低调而华丽的风格，更让沉睡中的珠宝界获得灵气和生机……她开创了一个崭新的珠宝时代。"

不可否认，香奈儿再一次成功了。

这样的成功，除了天赋、才华、机遇和环境，还有自身的努力之外，内心的态度同样不可或缺。

无论是服装，还是珠宝，她的设计理念都是低调、内敛，不动声色又渗透心灵的优雅。她不喜欢炫耀。她曾说，一件张扬的衣服就像一个因贪欲而迷失的女人。而太过绚丽的珠宝，也会让她想起死亡、遗嘱、公证人和太平间。但如果是纯白无瑕的耳环佩戴在小麦色的耳垂上，却能给人心醉神迷的感觉。

多年后，在与莫朗的对话中，她谈到当初设计钻石珠宝系列的灵感，源于奥巴辛的鹅卵石地面——那里曾纳藏了星空的缩影，让她沉迷不已。

她说，应该以纯真无邪的眼光来看待珠宝，如同坐在疾驰的车内，见到路旁的一株苹果树，在风中开放满树细碎洁白的花朵。

或许，也犹如在海风中，面对绝壁千仞，浪潮汹涌，还能扬起嘴角和白色的裙摆。

"纯真的白缎子年代"，这是香奈儿为经济萧条后的 30 年代的命名。

一踏入 30 年代，她设计的白裙系列就开始与经典小黑裙齐头并驱。缎面白裙再次成为新风尚，也开始在康朋街，在巴黎，在上流社会的晚宴中，在全球的时尚杂志上，蔚然成风，盛行于世。

“白色，席卷了一切，吞没了各个阶层的节日盛典。”其间，一家媒体的记者写道。

的确，在色彩斑斓的尘世中，女人总会想去尝试各种各样的颜色，比如香奈儿的对手夏帕瑞丽，便是色不惊人死不休。

但香奈儿却始终恪守着自己那套在时尚界开天辟地、更新万象的美学标准，无色之色才是最美的颜色，就像以退为进，以守为攻，以不变应万变。

香奈儿曾说自己最喜欢的是黑色。黑色包容一切，贯穿万物，是世间万物，宇宙苍穹的底色。黑色也见证了她与卡柏男孩的爱情。

那么现在，她又爱上了白色。

她设计的钻石系列，铂金皓然，钻石如雪，皆可化作星光相佩。

她设计的白裙系列，裙摆飞扬，无邪率真，如一朵白色的山茶花，朴素而优雅。

白色，也是美好的灵魂之色，犹如落入心底的诺曼底春光。

“我常说黑色包容一切，白色亦然。它们的美无懈可击，绝对和谐。在舞会上，穿黑色或白色的女子永远都是焦点。”

黑色，如女王一样强势；白色，像少女一般纯真。

两种颜色，两种服饰风格，代表着两种心灵的状态。而她则可以在两种状态中完美切换，游刃有余。

在康朋街工作时，她通常都会穿一袭黑衣，指间一支烟，眉头紧蹙，眼神严谨，全神贯注地雕刻着她的模特，就像教徒一样勤勉虔诚，又散发出不怒自威的王者气势。

科莱特夫人曾在她 1932 年出版的《监狱与天堂》中生动描述了香奈儿的工作状态，并将其比喻成一头小黑牛，有着花岗岩般的瞳仁，对时尚与人心洞若观火，一位勇往直前的征服者，富有，坚毅，专横，将地位与阶层踩得粉碎：

她的周围是泽西面料和已经加工好的白色绸缎。缎子闪着微光——她站在一片柔软的混乱中，即使世界坍塌，也不会发出声响……香奈儿不仅十指并用，指甲、手背和掌心也不曾半刻清闲，时而剪刀，时而别针，将一匹白缎制作成华美的礼服。礼服在她手中一如白色的纱雾，在房间里溅起透亮的水晶……在热爱的工作面前，她真切又谦逊，抬腰跪坐，日复一日。

而看这个时期香奈儿工作之余的照片，她基本都是身着白衣，在她的度假别墅 La Pausa，招待友人，照顾小狗，眉眼盈盈，神情温柔。

其中有一张是她一身素衣，坐在桌前与艺术名流们精彩对谈的情景，她的嘴角溢满笑意，眼睛如最亮的星星。

有一张是她穿着白色长裤，屈膝坐在年轻的舞蹈演员塞尔吉·里法的右肩上，她头巾上插着一朵白色的山茶花，姿态窈窕轻盈，笑容明朗如少女。

La Pausa 位于蔚蓝海岸的洛克布鲁，面朝地中海，宅院里种满了橄榄树，是香奈儿的心灵栖息地，曾由她亲自设计、建造，并装修，可以说，是原汁原味的香奈儿风格，不仅见证了她的生活状态，代表着她的审美取向，更有关她的少女时代的记忆。

按照香奈儿的指示，她的建筑师曾数次光顾奥巴辛修道院。她曾在那里度过了一生中最为清冷孤独的少女时代。现在，她要在她的私人领地修复那些记忆。

和设计珠宝的理念一样，La Pausa 的风格也保持着低调的奢华，比如屋顶的瓦片都是纯手工打造，每一个细节都苛求完美，每一样东西都要求最好的材质，但效果必须不能张扬，不需要用任何华而不实的装饰，要给人清净安宁的感觉。

La Pausa 完工之后，香奈儿从巴黎连夜驱车赶往洛克布鲁，在那里度过了一个别具意义的夜晚——朴素的床单，白色的蜡烛，光洁的石阶，灰白的墙面，铺满星星图案的鹅卵石地面……一切仿佛都是旧时模样。

奥巴辛，那个青春时她曾日夜渴望离开的地方，在经历岁月的风卷云涌之后，竟成了她灵感的触媒，魂梦的归处。

不同的是，现在，她再也不需要渴望，有人从遥远的美国为她寄来一条白色长裙，再也不需要苦苦等待，有一位亲人来将她带走。

尽管再也不能重返少女时光，但她为自己保留了一枚少女的内核，让她可以在历尽千帆之后，依然心如少女，可以不惧岁月，不畏年龄；可以精神永新，骁勇且美好；可以有元气去应战生活，有心气去构筑事业，有底气去爱任何人。

工作抚慰了她千疮百孔的内心，稀释了她的伤痛，缓解了她的寂寞——于她而言，何以解忧，唯有工作。

20

情人艾里布：一个有趣的魔鬼

1933 年，50 岁的香奈儿又恋爱了——这一次，她选择的情人是一名插画家和设计师，名叫保罗·艾里布。

戴着金边眼镜的艾里布与香奈儿年纪相仿，都曾经历从小地方到大都市的闯荡生涯，也都曾服务于好莱坞——年轻时，艾里布在巴黎创办画报《证人》，兼职珠宝、家具、人物造型的设计，数年间便跻身上流社会。后来，他又去美国参加电影制作，最辉煌的时期，担任过派拉蒙影业的艺术总监，财富与地位双赢。

直至 1927 年，在美国生活了十年的艾里布才与好莱坞一拍两散——有人说他遭遇了解雇，而他的说法则是“受够了好莱坞”。总之，他回到了巴黎，在圣·奥诺雷大街上开了一家公司，继续他的装饰设计，并在 1932 年之后，以艺术家的身份，成了香奈儿的亲密伙伴。

香奈儿看中了艾里布的机敏与巧舌如簧，她也的确需要一个值得信任的助手，来为她解决事业上的难题。

1932 年时，她委托艾里布帮她打理伦敦市场的珠宝业务；1933 年 9 月，她又邀请艾里布代表她主持香奈儿香水公司的董事会，以及参与公司内部的官司纠纷。

只是在这两件事上，艾里布都表现得差强人意，伦敦业务最后不了了之，主持董事会更是授人以柄——因为艾里布拒绝在回忆记录上签字，导致董事们集体向他投淘汰票，接下来，皮埃尔又在官司中成功挤掉了香奈儿董事长的位置。

尽管如此，香奈儿还是原谅了艾里布——更像是一种恋人式的包容，她没有深究原因，而是用一句叹息抚平了艾里布紧蹙的双眉："我知道，要对付皮埃尔，实在是太难了……但等着吧，我不会罢休。"

当然，在生活中，艾里布风趣幽默，心细如发，最是善于揣摩女人的情绪。他会突然在袖子里为你变出一朵花，也可以对着你的眼睛说一百句不重复的情话。他永远知道一个女人想要的是什么。而且，他浑身充满了自信的能量，对自己的出身有着一种病态式的优越，曾一度宣称，他那个比利牛斯山西麓的民族，是世界上最伟大的民族，没有之一。

就这样，他在女人们面前一点点地构建着自己的魅力与光环。可不是嘛，他曾有过两任妻子和无数的情人，她们都对他顶礼膜拜，死心塌地。

那么香奈儿呢，她对世事人心洞若观火，却依然愿意对艾里布“言听计从”。是的，她喜欢他，哪怕知道他在引诱她：“我知道艾里布在引诱我，但他的引诱就像是一只猫在发脾气，这件事多好玩。”

也是在 1933 年，在香奈儿的资助下，艾里布的《证人》画报得以华丽重生，继而强势占领大众视野。香奈儿既是发行人，又是艾里布的模特和灵感缪斯。

当时的巴黎，不仅经济萧条，更是笼罩在第二次世界大战的疑云中。而作为一个出生在法国西南部的巴斯克人，艾里布对这个国家有着一种难以言说的热爱。他也曾告诉朋友莫朗，他已经预感到了战争的来临，作为一个法国艺术家，无论是为了个人还是为了艺术，他都必须抗争到底直到死亡。

于是，在他的画作中，香奈儿变成了女神玛丽安娜，代表在强权威胁下永不屈服的法国精神——她头戴一顶象征自由的弗里几亚帽，身穿泽西白裙，端坐在审判席下，接受包括希特勒在内的四国元首的裁决。人为刀俎，我为鱼肉，而她的眼里没有恐惧，只有不服输的坚毅。

撇去政治因素和个人梦想，可见，香奈儿在艾里布心里，已经等同于法国。在他的另一幅画作中，香奈儿被钉在十字架上，影射的也正是法国当前的政治处境。

香奈儿曾对莫朗谈到艾里布对她的感情，“对他来说，我就是他所不能拥有、不能主宰的那个巴黎”，“保罗·艾里布，他是我所认识的最复杂的男人”。

无论是私生活，还是事业，艾里布似乎都不够清白。他喜欢挥霍金钱，也喜欢在女人身上获取金钱，并以此为荣。包括他的公司，都是他第二任妻子赠送的礼物。但当他第二次离婚，搬到香奈儿的豪宅居住后，却开始理直气壮地批评香奈儿不够单纯，不够简朴。

他说：“我不喜欢您花费如此奢侈，生活如此复杂，您对什么都不满足。我也不明白，那么多的房间，那么多的仆人，对您有什么意义……太浪费了，您的生活方式会毁掉您的。”

单凭这一点，香奈儿就看出了对方的复杂。她非常明白，什么是所谓的简朴，简朴并非衣衫褴褛，赤脚走路，而是源于精神，生于心灵。

她也知道，按照别人的意愿来改变生活是虚伪的，但无法改变的事实却是，她想令他开心的意愿，没有一点虚伪。

为了让情人高兴，香奈儿在康朋街不远处租下了两个房间，一间改装成浴室，一间改装成书房。没有用人，没有任何多余的家具，她只带了一些喜欢的书和一扇乌木漆面屏风过去。她和看门人住在同一个楼道。

然而艾里布更愤怒了。他的愤怒带着嫉妒和痛苦。

他愤怒的是，她不顾身份，抛弃豪宅，安于陋室的勇气，而他不可以。

他嫉妒的是，他渴求一生却不曾拥有的，全都被她实现了，财富、地位、声望和才华，还有强大的内心。

他痛苦的是，她似乎看穿了他的伎俩，他的侮辱落空了，再也无处可击。

“那么您过这样的生活，扮演时装店的年轻女工，您真的开心吗？”他气急败坏地问。

“是的，如你所愿，我非常开心，”香奈儿不急不躁，“你也喜欢简朴生活对吗？来和我一起住吧。”

面对她的绝对强势，他不得不泄气了：“您究竟在玩什么游戏呢？什么时候搬回去？”

香奈儿笑了。她搬到了丽兹酒店，他也很快搬了进去。

艾里布让香奈儿交代过去。他声称自己正在忍受折磨，他必须亲眼去看一看她的过去，那些没有他的时光，她是如何度过的。

他没有询问她的情史，只是特别关注她的年少时期。或许他已经知道，论情史，他完全不是她的对手。

有一天，他甚至带她回到了奥弗涅，他要去寻找她年少时的足迹。从卢瓦尔河畔的救济院到奥巴辛修道院，他找到了她昔日卑微苦难的痕迹，她那些眼泪的余温，他欣喜若狂，如获至宝。

而他是一个记者的儿子，出身不算优渥，但也衣食无忧，鲜受冷遇。在香奈儿饥肠辘辘的童年，他尽可以一日三餐享受面包与牛奶的香甜。当香奈儿在修道院的高墙内想象外面的世界时，他已经就读于美术学院，并有画作登上巴黎最知名的周刊。

他终于找到了一个未曾被香奈儿超越的理由。

这个理由足以让他“心安理得”地认为，他至少在人生中的某个阶段，打败了香奈儿，也足以让他“满足而平静地待在她的身边”。

所谓各有隐晦，各得其所。

消除了“心结”，之后的日子，艾里布与香奈儿的感情愈发融洽和亲密。不可否认，温驯下来的艾里布给香奈儿带来了一段愉悦的时光。

在香奈儿的 La Pausa 别墅，艾里布投其所好，亲自为她设计了花园和网球场。花园里，有他亲手栽下的薰衣草、茉莉，还有白色山茶。在高大的橄榄树下，他们可以一起讨论葡萄酒的年份，追忆伏特加的岁月，地中海的清风轻柔地拂去肩头的风霜，他们像最清白的恋人一样相守，任由浪潮与鸽翅在耳边起伏。

于是便有传言，香奈儿与艾里布好事将近。

当传言在巴黎散播时，米西亚第一时间去见了在蔚蓝海岸度假的科莱特。与赛特离婚后，米西亚也愈发依赖香奈儿，这个传言让她有了被抛弃的危机感。

重要的是，科莱特非常不喜欢艾里布。作为艾里布第一任妻子的好友，科莱特亲历了他们离婚的过程，当时他的妻子卧病在床，而他负心离开，最后导致妻子郁郁而去。

米西亚不无醋意地说："全巴黎的人都说他们要结婚了。听香奈儿说，他很有趣。"

科莱特漫不经心地回道："与艾里布结婚，太遗憾了。是的，所有女人都会认为他很有趣，但他是一个有趣的魔鬼。"

而戏剧性的是，科莱特话音刚落，就看到艾里布在不远处的沙滩上朝她抛飞吻。后来科莱特在文章中回忆了这一幕，声称自己"还没来得及念驱魔咒语"。那一次，艾里布还在沙滩上学鸽子'咕咕'叫，逗乐了所有人。但科莱特想到的却是古书里的记载，魔鬼们的声音就跟鸽子的叫声一样……

香奈儿真的会和艾里布结婚吗？毕竟在香奈儿眼里，艾里布满是缺点，但他的优点还是打动了她，让她"怀有很深的温柔感情"。即便他是魔鬼，她也可以做魔鬼的主人。

不过，多年后，她只肯承认，她一生中想要与其结婚的人，只有卡柏男孩一个。至于其他的人，有些是爱，有些是激情，有些不过是嗜好罢了。

相比爱，她更需要被爱。

这便是卡柏男孩离世后，她心底最隐晦的嗜好。

然而，命运有时偏偏就是这么残忍，它曾带走了她的至爱，现在，连她的嗜好也要剥夺。

1935 年 9 月的某一天，艾里布连夜从巴黎赶往 La Pausa 去参加香奈儿的聚会。因为第二天他可以在网球场上一展球技，他曾在那里多次打败香奈儿的朋友们。他为自己的球技感到自豪，香奈儿也是。但就在比赛时，在一次大力击球的过程中，艾里布突然倒在了地上，面色如纸，知觉全无。

就那样，艾里布被香奈儿的仆人们匆促地抬到当地一家诊所。经过医生诊断之后，香奈儿才得知，艾里布之前患有严重的心脏病。

他再也没有醒过来。

艾里布离世后，香奈儿陷入了深刻的痛苦。她弃用了 La Pausa 的网球场，消极了好一段日子。但不久后，她又出现在了康朋街，接手她最热爱的工作。**工作抚慰了她千疮百孔的内心，稀释了她的伤痛，缓解了她的寂寞——于她而言，何以解忧，唯有工作。**

所以，不管对艾里布是爱，是激情，还是嗜好，那一场事故，已如白日冷雨，将她一切热烈的情感都浇灭了。

从此之后，即便相思亦清冷，他只是一个名字，一块墓碑，一个有趣的灵魂，一位回忆里的故人——如果说，他从地狱来，曾经路过人间，那么现在，他已往天堂去……

与其在意别人的背弃和不善，不如经营自己的尊严和美好。你可以在30岁的时候优雅，40岁的时候迷人，余下的一生都让人无法抗拒。

21

致对手：我没有时间讨厌你

香奈儿从 La Pausa 回到康朋街时，已经是 1935 年深秋。

季节的更替在巴黎尤为明显，秋意正浓，街道上开始落叶纷飞，风里散发出凛冽的气息，让人心生寒意。

如果人的生命也可以分为四季，那么香奈儿的一生已然进入了秋天，到了知天命的阶段。这个阶段，通常人都会对世事命理产生顺应的心态，与生活握手言和，不再刀戈相向。

但香奈儿的人生似乎从未风平浪静过——生如战场，要想会当凌绝顶，必然高处不胜寒。她是真正的勇士，从市井低洼一路攀爬至时尚巅峰，受尽白眼，享尽荣光，一切当冷暖自知。而很多时候，她也不是无路可退，而是断了所有的退路去应战。

这一次，当香奈儿在思考如何用一条裙子让女人的韵味历久弥香时，夏帕瑞丽已经用她飞扬跋扈的设计征服了英国《时尚》杂志的封面——当时英国最负盛名的摄影师塞西尔·比顿为印度公主卡兰·卡帕萨拉拍摄了系列照片，公主身上穿的正是夏帕瑞丽的晚装。

夏帕瑞丽用她的作品为女人们打开了一个感官新世界，时而精灵古怪，时而诙谐幽默，时而荒诞不经，时而匪夷所思——纽扣可以是一条“鱼”，“鞋子”可以戴在头顶招摇过市，一件外套就像打开的抽屉，一条裙子也可以成为“菜盘”……

1936 年春，夏帕瑞丽以一套“龙虾礼服”再次震惊时尚界。她与达利合作，在裙子上印了一只红色的大龙虾，仿佛刚经过厨师的烹调，正冒着热气，让人馋涎欲滴，搭配裙子的上衣还绣有鲜翠欲滴的芹菜。

不久后，这套礼服便穿在了威尔士亲王的女友——沃利斯·辛普森身上。为了让恋人高兴，亲王又邀请了塞西尔·比顿为其拍摄大片。达利则笑称，随时有往裙子上撒蛋黄酱的冲动。

接下来，夏帕瑞丽又推出了撕碎裙、骷髅裙、报纸裙和茶匙形翻领的西装……以及用人体曲线为灵感的香水瓶。而在此之前，包括香奈儿在内，还从来没有一位设计师敢这样肆无忌惮地表达自己。但夏帕瑞丽说：“潮流不就是令人震惊吗？我就是潮流的领军人物。”

如果说夏帕瑞丽的设计是为了表达头脑稍纵即逝的风暴，香奈儿的作品就是为了展示内心最深最美好的渴望。

前者颠覆优雅，后者塑造自由。

说到潮流，1936 年到 1937 年，夏帕瑞丽与香奈儿之间“竞争白热化”的两年，不可否认，夏帕瑞丽算是占据了潮流的最前沿。她的作品屡次登上时尚大刊，她的艺术沙龙正在被人们津津乐道，很多社会名流都成了她的客户，她对记者说的每一句话都可能成为报纸头条。

“香奈儿可以回家养老了。”夏帕瑞丽曾对一家纸媒的记者说道——这句话，第二天就传遍了整个巴黎。

一时舆论哗然。有人愤愤不平，有人在等待香奈儿的还击，有人笑而不语，有人坐山观虎斗。

米西亚风风火火地赶了过来：“亲爱的可可，你怎么样了？”

香奈儿正在工作。

她新装修了康朋街 31 号——作为香奈儿时装公司的总部，她将把这里打造成城市的坐标、风格和符号。

于是，一座精美绝伦的镜梯诞生了。这座镜梯从一楼的精品店崛地而起，越过二楼的沙龙，一路盘旋而上，如透明的虹光，承接三楼的香奈儿私人寓所。当那些高贵的客户行走其间，拾级而上，去往高定区接受量身时，就会产生觐见君主的幻觉。她们自己的身影则会被镜子切割成无数个分身，就像置身于时间的容器，空间变得多棱，在镜子的审视下，你的身材、面容、表情，甚至内心的秘密都无处逃遁，然而，你却心醉神迷。

从此之后，每次开新品发布会，香奈儿都只需要坐在镜梯的最顶端，就可以将沙龙的一切尽收眼底。

香奈儿在模特身上制作一件修身花呢外套，里面搭配的是镶边衬衫。她若无其事，全神贯注，香烟几乎烧到了手指。

米西亚却看起来有些急切，她忍不住打扰她："你打算用这个系列对抗那个意大利女人吗？"

香奈儿依旧没有回答，工作时，她只会对模特喃喃自语。

发布会如期举行，香奈儿坐在镜梯之上，看着楼下的浮光人影，安静地点燃了一支烟。

这时米西亚终于可以心满意足地离开了："看到你一切都好，我就放心了。那个可恶的意大利女人，我会比你更讨厌她。"

香奈儿笑道："可是米西亚，我没有时间讨厌她。"

对于活在爱情与艺术中的米西亚来说，平静生活之下的暗潮汹涌，兵荒马乱，她永远无法理解。

但香奈儿明白，"讨厌"这种情绪除了让人失去冷静，浪费时间，真是一点用处都没有。况且，即便她一再更改年龄，也不得不承认，她已经不再青春——年岁有限，而现在，她除了要设计新品，管理公司，应战对手，还要面对罢工。

“她们背弃了我。”晚年时，香奈儿释怀了很多事，但对自家员工罢工一事，依旧耿耿于怀。

1936 年 5 月，随着左翼联盟在新选举中的胜利，罢工浪潮席卷了巴黎，新的人民阵线产生了，工人们希望用罢工和示威游行的方式，逼迫政府和资产阶级就范，从而让自己赢得更多的权利——先是汽车厂和飞机厂，再是纺织工业和百货公司，最后，竟蔓延到各行各业，整个法国一片瘫痪。

其间，就连香奈儿的时装公司也未能幸免。

是年 6 月 6 日的清晨，香奈儿和往常一样，从丽兹酒店出来，准备去康朋街上班。但当她赶到精品店门口时，眼前的景象却让她永生难忘。没有了昔日的“您好，小姐”，也没有人为她在门口喷洒香奈儿 5 号。所有的店员都停止了工作，站在店铺外举起拳头，呼应着游行队伍。有人在门上贴了告示“此处已被占领”，有人用鞋盒制作了意见箱，请求路人的支持，还有人要求工人代表与香奈儿当面谈判条件。

香奈儿立刻意识到，这里发生了什么。她怒不可遏，却也只能转身返回丽兹酒店，平复情绪，静观其变。

在与莫朗的叙述中，香奈儿告诉人们，一直以来，她都尽量在为员工创造最好的福利。事实上也的确如此，比如香奈儿每年都会犒赏一批员工，花费几百万法郎请她们去米米藏度假。她的员工每人每年都有一个月的带薪假期。几乎所有的福利，都远远超出法定的范畴。

通常，能让一个人真正受伤的，并非敌人的刀剑、旁人的嘲讽，而是身边人的背弃。

所以，作为一个慷慨又严厉的老板，她宁愿她们在背地里称呼她为女魔头，也不愿看到她们在她最需要支持的时候，选择站在她的对面，一起将她推远。

一直到7月，整个罢工浪潮才慢慢平息。为了如期推出秋冬新品，香奈儿也不得不一再让步。而这时，不远处的芳登广场，夏帕瑞丽的时装展正在进行，达利是她的特别嘉宾。

在达利的画中，奔马可以拥有鸵鸟一样的长蹄，大象的腿幻化成云朵间的根系，钟表像布匹一样被晾晒在树枝上，毛笔正在吞蚀它产生的画作。从作品的风格来看，他和夏帕瑞丽是同一个精神世界的人。

戏剧性的是，作为香奈儿的劲敌，夏帕瑞丽声称，拿来一件香奈儿的衣服，她随便更改一个线条，香奈儿就消失了。而作为香奈儿的朋友，达利在同一天又给香奈儿送来了一幅他的画作——一枝金黄饱满的麦穗，悬挂在黑色的背景中，足以照亮一个人的童年记忆。香奈儿将画挂在康朋街的寓所。在她的家乡，成熟的麦穗可以驱赶魔鬼，度人苦厄。

香奈儿与达利保持了一生的友谊，达利的作品对夏帕瑞丽也有着最直接的影响。

那么香奈儿如何评价夏帕瑞丽这位看起来不是很友善的对手

呢？多年以后，经历过“二战”，夏帕瑞丽的公司遭遇破产，打败又一批竞争对手，她以胜利者的姿态，感叹着往昔的峥嵘岁月，却不免有些无敌的寂寞：“那个意大利女人，她是个做衣服的艺术家。”

但现在，两位设计师之间的故事还在继续。媒体乐享了这场没有硝烟的战争，其中有名巴黎的驻站记者写道，夏帕瑞丽强势来袭，步步紧逼；香奈儿以守为攻，见招拆招。

其间，夏帕瑞丽推出了一条与科克托合作的裙子，融合了画作和刺绣，令人惊艳不已。香奈儿便推出了古典风格的以西班牙襞襟为灵感的礼服，迅速风靡全城。夏帕瑞丽随之设计出了曳地的紧身鱼尾裙，给女人们带来最性感的曲线。香奈儿很快用一系列俏丽的吉普赛裙，勾起人们心底最火热的激情……

不过，记者问起香奈儿对于夏帕瑞丽，以及当下潮流有何看法时，她依然不愿提及对手的名字。**至于潮流，她则一语双关地说道：“我不喜欢人们在谈论香奈儿的时候，谈论的只是潮流。香奈儿首先是一种风格。潮流稍纵即逝，风格永垂不朽。”**

潮流稍纵即逝，风格永垂不朽。

作品即人生。

“二战”爆发后，巴黎沦陷，夏帕瑞丽避居美国，但当她在1945年再回来时，超现实主义开始走下坡路，她也已经无力重振事业。

1954 年，香奈儿以 71 岁高龄回归康朋街，一路忍受流言蜚语东山再起，在废墟中重建香奈儿王国，然后，将自己活成了传奇。

而这一年，尚未老去的夏帕瑞丽却关闭了公司，宣告破产。

是急流勇退，也是铩羽而去。

“与其在意别人的背弃和不善，不如经营自己的尊严和美好。你可以在 30 岁的时候优雅，40 岁的时候迷人，余下的一生都让人无法抗拒。”

香奈儿这句话，是她辉煌人生的注脚，也是她坚持不懈的信念。

或许，才华与运气可以为你的人生推波助澜，但格局与个性才是命运的中流砥柱。

上善若水，任方圆者得天下。

PART 5

热闹和孤独，通通拿来享用

我从不是一个女英雄，不讨喜又怎样？我选择了我想成为的样子，而我现在正如自己所愿。

——可可·香奈儿

她名扬海外，家藏万金，却又以流亡者的身份来到这里，满身尘土，费尽心思，只为谋取乱世之中的一线转机。

22

为了那双黑玛瑙一般的眼睛

1939年春，整个欧洲都被战争的疑云笼罩着，战势一触即发，而巴黎却还沉浸在这个时代最后的安乐里，软红十丈，歌舞升平，浪漫的情调弥漫在空气中，犹如长梦将醒前的眷念与温存。

于是，“性感”应运而生，全巴黎的服装设计师似乎都在呼应这个主题，比如有人悄悄把领口降低，有人在裙子上增加亮片，有人把腰身收紧；比如夏帕瑞丽，就在衣服上设计了假的乳房，还把宽松长裤减到了小腿肚以上。

香奈儿却在这一年的春季发布会上别出心裁地推出了蓝白红横条晚装，并声称灵感来源于国旗，象征自由、平等、博爱的法兰西精神。

发布会当天，整条康朋街都沸腾了——一切如香奈儿所料，大战在即，她的这一季作品正好可以剑走偏锋，突围“性感”，点燃法国人心底的爱国情愫。

在美国NBC电台的采访中，香奈儿告诉记者，如果战争需要，她会把她的才华当成炸弹来使用。

而事实上，在战争之前，她的这一枚“爱国炸弹”，已经让对手再无还手之力，也让她的声誉达到了前所未有的高度。

只是不知当时的她有没有预料到，在动荡的时局之下，时尚将何去何从，还有她的下一场时装秀，又要等到何年何月。

是年9月，波兰沦陷，第二次世界大战爆发。

1940年春，希特勒的军队仅在短短数周时间内就打败了英法联军，丹麦和挪威沦陷。

是年5月，德军开始空袭法国，并同时占领了荷兰、卢森堡和比利时。

这时的巴黎才不得不直面战争带来的劫难。一时间，男人们全都戎装上阵，小孩们都被送往了乡下，余下的人们能逃则逃，能躲则躲，街道上连狗都看不到了。整座城市交通瘫痪，通讯受阻，几乎所有的商店都关了门。

很快，香奈儿也关闭了时装公司，仅留康朋街的精品店还在销售香水。

人们不禁疑心，香奈儿是在报复员工——毕竟几年前，就是那些人曾集体罢工，将老板挡在门外。

当时香奈儿并未过多辩解——她讨厌辩解，只是淡淡地说：“现在不是讨论时尚的时候。”一直到晚年，她才告诉朋友，除了战争本身，没有任何理由让她关闭店门辞退员工：“她们每一个人，都有亲人上了前线。战争爆发后两个小时，我的店里就空无一人了。”

的确如香奈儿所说，征兵人数高达百万，她如果只是想惩戒员工，完全不必用这种自断臂膀的愚蠢方法。况且，她深爱着她的时装公司。她的外甥安德烈也已奔赴前线——哪怕他身体虚弱，也必须为了国家的尊严而战。

安德烈的参战，让香奈儿即便身处丽兹酒店的防空洞，也无法安然事外——丽兹酒店就像战乱中的最后一处桃花源，在这里，富贵的人们尚可小心翼翼地享受着避世的安宁，在全城缩衣节食的生活里，品尝牛肉与美酒。

但香奈儿一直在担忧安德烈的安危，害怕他被俘，害怕他牺牲。在她心里，早已把他当成了自己的孩子。

1940 年 6 月初，希特勒的军队已经逼近巴黎，每天都有数不清的人在德军的炮火下丧生。政府再次下达撤退通知，令人们紧急远离家园。烈日之下，大团的黑烟遮蔽了天穹——法国政府焚烧了所有的文档，然后坐着豪华轿车朝图尔斯开始撤退。

但没有人顾得上品味羞耻，所有人都成了与时间赛跑的人。

毕加索匆匆撤往图卢兹，达利夫妇去了阿卡雄，夏帕瑞丽则逃往了美国。香奈儿也只能临时雇用一名司机，连夜驱车赶往比利牛斯山区，那里有她早年为安德烈置下的城堡，现在，她需要带着康朋街的精英骨干，一起去乡间躲避战乱……

几个小时后，纳粹的万字旗就飘荡在了埃菲尔铁塔上。

同时，安德烈也成了数十万战俘中的一员，被德军关进了集中营，身如草芥，命悬一线。

多年后，小嘉柏丽尔还记得当年在比利牛斯山区的城堡里，她的可可姨婆失声恸哭的场景。

6 月 17 日，电台播放了法国投降的消息，贝当元帅告诉所有的法国人，已经向希特勒请求停战，“必须停止战争”“将把自己作为礼物献给国家，来减轻法兰西的痛苦”……

香奈儿却悲伤得无法自拔。

她痛心疾首，把自己关在房间里，持续哭了好几个小时。在她看来，贝当元帅的停战请求无异于将法国拱手相让，是他背叛了国家，背弃了前线那些浴血奋战的人，更让所有的法国人感到羞耻。

而希特勒却可以在二十二年之后，用胜利者的状态睥睨天下，一雪前耻——1918 年 11 月 11 日，在贡比涅森林的雷东德车站，德军曾与盟军签署了战败协议；现在，1940 年 6 月 21 日，他终于可以代表德国，在同一地点同一节车厢，亲口向法国宣读停战协定——那是他一生中最闪耀的时刻，也是他踩着无数的尸骨与废墟，登上“德国战神”宝座的时刻。

几周后，香奈儿决定带着亲信们返回巴黎。既然已经停战，就不如先回去，一方面可以照顾香水生意，另一方面利于打听安德烈的消息。

但当她们抵达维希时，汽车已经没有油了，而且街道上到处都是滞留的民众，每个关卡都排满了汽车，汽油成了最稀缺的东西，酒店更是人满为患。

在一家餐厅吃饭时，香奈儿竟然发现这里的人们在大肆庆祝，庆祝维希没有被德军占领，庆祝维希成了贝当元帅领导的新政府首都，庆祝他们接下来可以继续偏安一隅地生活。显然，在这里，没有国家被占领划分的耻辱，只有男男女女砰砰开启香槟的欢笑声。

香奈儿愤而离席，不无讽刺地说道：“看吧，又到了欢畅的好日子！”一如数百年前，南宋诗人林升抵达临安的那种愤恨：“山外青山楼外楼，西湖歌舞几时休？暖风熏得游人醉，直把杭州作汴州。”

接下来，几经周折，香奈儿终于从一名官员手中买到了汽油，又在一家偏僻的宾馆洗了个热水澡，中途还被骚扰。多年后，她回忆了那个毕生难忘的热水澡：“我从未那般肮脏过，仿佛回到了小时候，洗完后，水全是黑的……”

是夜，她出门散步，看到身边熟悉又陌生的景象，不禁百感交集。

维希是法国南部著名的温泉小城，她曾在这里学会了生活，也曾在这里葬送了最初的梦想。现在，她名扬海外，家藏万金，却又以流亡者的身份来到这里，满身尘土，费尽心思，只为谋取乱世之中的一线转机。

这时，有个面黄肌瘦的小男孩倒在了她的身边，他的腿受伤了，没有钱看病，希望她能够伸出援手。

香奈儿看着小男孩的眼睛，慷慨地给了他 100 法郎。

怎知小男孩拔腿就跑，一直奔向不远处他妈妈的身边，然后忍不住兴奋地喊道：“妈妈，我们有晚饭吃了——”

女仆杰曼妮问香奈儿：“小姐，您是不是早已看出，他是骗你的？”

香奈儿未置可否，只是告诉她，那个小男孩的眼睛，让她想起了小时候的安德烈：“他们都有一双黑玛瑙一般的眼睛。”

当她们风尘仆仆到达巴黎时，看到的又是另外一番景象。

巴黎的秋天本应有着最美的风光，站在丽兹酒店的阳台上，就能看到天边锦缎一般的云霞，映衬着芳登广场的璀璨与光华。

但现在，到处都是飘扬的万字旗、堆积的沙袋和纳粹的标语，还有列队走过的德国士兵，他们喊着“希特勒万岁”，写着“德国必胜”，占领了别墅、公寓、酒店，在广场上修建希特勒的塑像，在各大精品店里用疯狂升值的德国马克换取奢侈品——比如香奈儿 5 号，这款全世界最著名的香水曾让数十万的德国官兵“光临”过康朋街 31 号。

而除了家园被占，精神被辱，资金流失，更让香奈儿悲愤的是，德军在 7 月份按照停战协议开始释放战俘，安德烈却不在释放名单之中。

那些被释放的战俘也仅仅是很小的一部分，更多的战俘——那些曾在前线浴血奋战的士兵，要么被残忍杀害，要么被维希新政府送往德国工厂当免费劳工，要么因为特殊的身份而被送至德国集中营作为利益交换的筹码，待价而沽。

其间，有人用大量的赎金解救了自己的孩子，也有人用可靠的情报换取了亲人的性命。而安德烈在战俘档案中，德军对他的记录则是：可可・香奈儿的外甥，西敏公爵教女的父亲。

香奈儿知道，这意味着什么。

但她已经打定主意，要将安德烈解救出来，无论前方等待她的是什么，刀山火海，风雨虎狼，亦不可阻其脚步。

如果不能做到滴水不漏，那么就不如光明磊落。

23

被时光封缄的秘密

如果没有战争，或许他不会与香奈儿有任何瓜葛，又或许他会认识香奈儿，但也只是她众多情人中的一位，为她漫长的罗曼史增添一笔别样的颜色，而不是成为她生命中的政治污点，以及被时光封缄的秘密，关于利益交换，也关于一个女人的爱情与苦衷。

他叫汉斯·贡特尔·冯·丁克拉格，是一名德国男爵，金发碧眼，挺拔俊美，比香奈儿小十三岁，当时还是德国驻巴黎大使馆的官员。丁克拉格会说流利的法语和英语，他告诉香奈儿，他的母亲是英国人，他对战争有着本能的抵触。而他们也一直在用英语交流。

多年后，香奈儿的女仆杰曼妮回忆道：“丁克拉格男爵，他是一位绅士，性情优雅，善解人意，笑容明媚，经常到康朋街来看小姐……他们相识于圣莫里茨。”

尽管香奈儿认识丁克拉格时已经57岁了，但她依旧风韵犹存，散发着女性的非凡魅力，也让丁克拉格迅速坠入了她的情网。

他们低调地恋爱了。

1941 年，丁克拉格开始频繁出入康朋街，可见，当时他们正处于热恋之中。那段时间，香奈儿变得容光焕发。杰曼妮记得，每次丁克拉格男爵到来，都是黄昏时分，那时，香奈儿就会安排厨师去准备一些精致的晚餐，她则会为他们点上烛光，喷洒好香水，香奈儿就在摇曳的烛光、缠绵的香氛中为英俊的男爵弹奏婉转的钢琴曲，情到浓时，他们就会相拥而舞，漫漫温存，直至东方既白。

而当外界质疑他们的关系时，香奈儿不愿意有过多的回应，只是告诉身边的人，要谨言慎行，明哲保身。

在她眼里，她不过是在经历一段生不逢时的爱情，正巧对方是个德国人而已，更何况他的母亲还是英国人，他还那么痛恨战争。

“当一个女人到了我这个年纪，还有机会与人好好相恋一场，是不会想着去看对方的护照的。”她说。

但显然，有些人对香奈儿避重就轻的解释并不买账，比如在戴高乐将军领导的“自由法国”政权之下的特工组织（由法国特工和自由战士组成，为了抵抗德军，暗杀纳粹人员和叛国者），就一直在对丁克拉格进行密切监控，以至于香奈儿也被牵涉其中。

事实上，大使馆官员只是丁克拉格众多伪装中的一个。就像他曾在波兰伪装成落魄的新闻记者，骗取了所有人的同情；后来又在蔚蓝海岸伪装成上流社会的花花公子，与一名叫海伦娜的女士发生了婚外情，只因海伦娜在土伦（法国最大的海军基地）附近有一套房子。他真正的身份，其实是一名老谋深算的纳粹间谍，服务于德国军事情报局，并担任要职。

所以，便不免让人怀疑，这一次，丁克拉格与香奈儿之间，也远非茫茫人海的邂逅，你情我愿的爱情那么简单，而是一场建立在谎言与利益之上的处心积虑的预谋。

遇见丁克拉格时，香奈儿有意把自己护照上的年龄改小了 10 岁，当然，除了享受被爱的温暖，最直接的目的还是为了请求丁克拉格帮忙，以救出被关在德军集中营里的安德烈，因为后者已经患上了肺结核，病情一旦拖延恶化，就会有生命危险。

而丁克拉格也对香奈儿隐瞒了自己的真正身份。爱情是一座桥梁，他一步步走近她，取得她的信任，又一步步将她推进与纳粹合作的深渊。而当纳粹失势，她得以脱险之后，他又把她当成最后的退路，守候在她身旁。

在漫长的十余年间，是同心同德的爱情，是各取所需的陪伴，

还是彼此心知肚明的相互利用，只怕连当事人也混淆了。

为了营救安德烈，丁克拉格想出了一个方案。首先，他向香奈儿引见了他的战友兼同僚陆军少校西奥多·莫姆——莫姆当时的另一个身份就是法国纺织行业的督导者，负责转化资源扩充军需。然后，由莫姆出面，令巴黎郊区某家纺织厂重新开业，再将那家纺织厂变成香奈儿名义上的资产。最后，以纺织厂需要可靠的运营者为由，让德军高层相信，安德烈是经营工厂的不二人选。

于是，经过一番长达两年的苦心斡旋，安德烈终于被遣送回国，之后又在香奈儿的秘密安排下，被转移到瑞士疗养。

而这次营救行动，香奈儿所要付出的代价，就是与德国军情局合作，参与他们的行动。

1942 年到 1943 年间，德军不再所向披靡。他们先是在苏联尝到了失败的滋味，后又在以英国为核心的同盟国的顽强抵抗下连续失利，节节败退。德国政府方面开始担忧希特勒会让整个国家走向末路，但如果可以与英国议和，事态或许会发生转机。

那么这时，一个看似荒诞的计划便产生了。在丁克拉格与莫姆的策划提议下，德国党卫军将军沃尔特·舒伦堡将特别委派香奈儿（因为她与丘吉尔交情颇深，与西敏公爵也是昔日故人）担任他们的"和谈大使"，去会晤按照日程将在马德里开会的丘吉尔，以执行最终的"议和"大计。

在丁克拉格的陪同下，香奈儿领取了任务。

曾经，她与丘吉尔一起在伊顿庄园策马飞奔，一起在苏格兰的夕阳下品尝美酒，垂钓鲑鱼，围着篝火彻夜交谈，彼此推心置腹。

“二战”前，丘吉尔还经常造访康朋街，与香奈儿对饮，倾诉心事，畅谈未来，为威尔士亲王不爱江山爱美人感到心痛（威尔士亲王，即爱德华八世，为了辛普森夫人放弃了王位，后被弟弟乔治六世封为温莎公爵，从此逍遥于世，给皇室留下一抹隐痛，却给民间留下一段佳话），醉酒后在她的怀里哭泣。

在法国战败时，英国新任首相丘吉尔为了避免法国舰队落入希特勒手中，不惜用他的风雷手段，下令英国皇家空军，将法国舰队全部歼灭。

而现在，也正是丘吉尔，站在自由世界的中心，引领军队誓不撤退，英勇抗战，为战争带来胜利的曙光……

那么丘吉尔真的会因为香奈儿的一番话而改变一战到底的决心吗？

香奈儿并无把握。

但她的确希望战争早日结束，无论是德国投降还是达成和谈，或者说，她也希望在时代中有所作为，就像丘吉尔曾经说的那样，香奈儿不仅可以征服一个男人，更可以掌控一个帝国。

而这一点，多年后，她助手的一番话也可以作为佐证：“小姐每天都会阅读报纸，她熟知国际新闻，时常把自己置于各国元首的位置上考虑局势……她认为那些元首不找她来商量真是可惜……”

所以，为了确保行动顺利，她请求舒伦堡再为她安排一个帮手，那就是她曾经的雇员兼朋友，也是与英国皇室有着密切联系的维拉。

1929 年，维拉嫁给了一名意大利军官，婚后入了意大利籍，又随夫定居罗马。

但从 1936 年起，因为维拉经常造访英国大使馆，与丘吉尔通信，意大利的军事情报机构开始秘密监控维拉，并怀疑她是一名英国间谍。到了 1943 年 11 月，当英国成为法西斯轴心国的心腹大患时，意大利方面立即抓捕了维拉，随后将她关在罗马的一所监狱里。而当香奈儿提出让维拉成为她的搭档时，舒伦堡还是决定以“大局”为重，亲自出面保释维拉。

1943 年 12 月，香奈儿与维拉以及丁克拉格一行如期抵达马德里。然而阴错阳差，丘吉尔因身体抱恙已先行离开。如此，香奈儿与丁克拉格便回到了巴黎。

维拉继续留在西班牙。只是香奈儿不知道，维拉并不愿意执行这次任务，多年的被监生涯，短暂的入狱经历，还有整个局势的变幻，都将迫使她的心性发生改变，在预感大祸临头之时，会全力以求自保。

所以，便就不难理解，她为何要背叛香奈儿，向英国当局告发她参与的整个计划，并检举香奈儿为德国间谍。

而临走时，香奈儿还给丘吉尔写了一封信，请求“亲爱的温斯顿”看在往昔的情意上，可以帮助维拉摆脱当前的困境，让其回到罗马和丈夫在一起……

至于“和谈”一事，自始至终，她只字未提。

几个月后，维拉被丘吉尔救出，但经过马德里之行，她和香奈儿之间的感情再也回不到从前。

事后香奈儿给维拉写过一封信。

亲爱的维拉：

很遗憾，我知道了你的背弃。我承认我受到了极深的伤害，可是你得到了什么呢？

我曾尽我所能，希望你少一些痛苦……无论如何，我的英国朋友都不能怪我，我一切的所作所为，也并没有什么失误。

我也从未做过会给你带来麻烦的任何事。如果你想回到罗马，在到达巴黎的48小时内，你就会如愿……

我全心希望你重新找到幸福。

往昔的岁月没有教会你信任和感恩，但愿如此残酷和悲哀的时光可以产生那样的奇迹。

从这封信中也不难看出，当初香奈儿请求舒伦堡让维拉成为她的帮手，其真正的目的，只是为了帮助维拉。

或许，作为丘吉尔的知己，她也早就明白，代表德方与丘吉尔“和谈”，本身就毫无希望。

而信中提及的那个“英国朋友”，显然就是丘吉尔。

1944 年 6 月 6 日，法国人民从电台得知盟军已经登陆诺曼底。胜利在即，整个巴黎都沸腾了。

历经数年，局势终于反转，现在到了德军仓皇逃离的时候了。丁克拉格在 7 月份随大批德军撤出了巴黎。而在巴黎，有一部分人开始惶惶不安，他们或为了生存，或为了利益，或为了权势，或为了拯救亲人，都曾与纳粹往来过。等待他们的将是羞辱、羁押、审判、枪决……很多人都躲了起来。

香奈儿决定留下来。

安德烈平安回来之后，时年 61 岁的她，似乎什么都不怕了。

或者说，就像她在给维拉的信中写的那样，她并不觉得她的所作所为有什么失误。

如果不能做到滴水不漏，那么就不如光明磊落。

同时，香奈儿令她的精品店员工在橱窗外贴出了一张告示：“美国士兵可免费领取香水。”

摄影师塞尔吉・利多用他的镜头定格了那个历史性的画面，在康朋街 31 号的门口，美国大兵排起了长队，他们面带感激，只为领取一瓶珍贵的香奈儿 5 号。

如果这时法国警察敢动香奈儿，势必所有的美国大兵都不会同意。

有人说，香奈儿在寻求保护伞。

她说，不，我只是在犒赏勇士。

一直到 9 月，美国大兵撤离巴黎，城市渐渐恢复生机，两名法国警察还是在丽兹酒店以通敌的罪名带走了香奈儿——因为她曾与德国间谍相恋。而马德里之行，显然巴黎方面并不知情。

女仆杰曼妮当场被吓得大哭。多年后，杰曼妮回忆，当时香奈儿在被捕时，依然高贵得像一个女王。面对采访者，年迈的杰曼妮忍不住为香奈儿抱不平："小姐怎么会是通敌者？她痛恨纳粹，都不愿意为那些德军的女人们做衣服，你看，她一直没有重开时装公司！"

的确如杰曼妮所说，香奈儿曾以"我已经退休"为由，拒绝为德军的太太们设计服装。而她的对手和同行们，都没有停止过与德军合作。甚至在战争之初，她还给法国军队提供过资金支持和救灾物资。是年 2 月，她又通过丁克拉格，从德国集中营中救出了科克托的朋友……

倾巢之下无完卵，所有的一切，都非对立的黑白。

而这时，在香奈儿最需要的帮助的时候，也正是丘吉尔，向她伸出了援手。

三个小时后，她就被丘吉尔保释了。

作为一个朋友，他用他的权利维护了她余生的周全和体面：“可可，请迅速离开巴黎，一刻都不要耽搁。”

尼采有言，任何人都不可能是一条清澈见底的河流，有着不同程度的肮脏。所以我们需要汇聚成大海，只有大海能够容纳一条不洁的河而不至自污。

所以，多年以后，当香奈儿重建她的时尚帝国，财富与声望都浩瀚无边时，这一段“与敌共眠”的插曲，也将从头至尾成为被时光封缄的秘密，如异源的河流，归纳于深海。

她是奥弗涅唯一未灭的活火山，而整个巴黎都错以为它已经熄灭。

24

避居瑞士，与孤独做伴

1946年的冬天，香奈儿与保罗·莫朗在圣莫里茨重逢。

“二战”期间，莫朗曾服务于维希政府，因工作与德国人有过种种交集，所以现在，他也成了流亡者，一无所有，饱受骂名。而作为永久中立国的瑞士，无疑是最好的安全避风港，无论是秀丽的景色，还是淳朴的民风，都足以容纳形形色色疲惫的灵魂在这里或隐姓埋名，淡泊世事；或韬光养晦，待时而发。

在灯火通明的巴德鲁特宫大酒店里，窗外是漫天的飞雪，远处是沉静的阿尔卑斯山脉，香奈儿开始向莫朗缓缓打开她的回忆长卷——很多年前的某一天，在冰冷漆黑的房子里，人们冷漠地接待了一个骄傲内向的小女孩。现在，小女孩已经老去，并置身于温暖透亮的酒店，听着富人们消遣娱乐的声音，讲述她过去的生活。

“对于我来说，今天的瑞士，昔日的奥弗涅，我所能感受到的，唯有孤独。”

《香奈儿的态度》——冗长的回忆录以孤独开篇，在一个又一个的夜晚，被莫朗手中的鹅毛笔沙沙记录，时间仿佛静止了下来，像冰雪覆盖下的广袤森林，蕴藏幽深的心迹，孤独则如河水漫过年华，浸透思绪，最后与述说者的生命相融。

她说：“我的一生不过是一段无限延展的童年”。

因为同样被孤独侵袭。那个时候，她贫穷无助，过早地感知到了命运。她不是被命运优待的人。她说起童年的种种苦寒和隐痛，就像抚摸身上结疤的创伤。无论走到哪里，她的身体里都住着那个孤独而又骄傲的小女孩。

与童年一样，她讨厌卑躬屈膝，低声下气，毕恭毕敬，拒绝掩饰思想，屈从顺服或不按自己的意愿行事。自始至终，她的行为举止，她的生硬语气，她的严肃脸色，她的绝对性格中，都无时无刻不闪现着一种骄傲——“我是奥弗涅唯一未灭的活火山。”

她说起爱情，说起那些与她生命发生过交集的情人，他们见证了她生活的经纬，也影响了她人生的轨迹。

她告诉莫朗，卡柏男孩是她的最爱。

那个时候，她还那样年轻，如夏日之花，明艳动人，不凋不败。

现在，她向莫朗描述镜中的自己，语气中带着毁灭式的专横——弓形眉毛，张开的鼻孔如马的鼻孔一般大小，头发比魔鬼还要黑，嘴如一道裂缝，里面流出了一个易怒而又宽容的灵魂，皮肤如波西米亚人一样黝黑，牙齿和珍珠项链则是与之对比明显的纯白，身体就像葡萄藤上没有果实的干枯枝蔓，还有一双劳动者的手，手指上的蛋面宝石戒指如同美国拳击手的金属指环。

她真的老了。

哪怕她的心依然如少年一般骁勇无畏，也不能抵挡时间对容颜的摧残，那些皱纹如蛛网一般爬上了面庞，尘封了往昔的光洁与美丽。

她告诉莫朗一个女人应该如何正确地面对衰老："在意自己的人总是老得最快。拍打下垂的肉毫无用处，不如按摩一下精神。美容应该从心与灵魂开始。若非如此，化妆品便没有任何作用。芳华易逝而隽美永存。真正的秘诀在于将外在的美转化为内在的美。这是众多女人都参不透的一套技巧。"

或许也正因如此，她在红颜萎谢后，身边一直不乏爱慕者。

她依然拥有爱情。

被爱的感觉，让她的灵魂永远年轻，精神永远饱满，魅力永远所向披靡。

1949 年，丁克拉格又回到了她的身边。

有人曾拍了一张照片，在瑞士某个景点的一块雪地上，香奈儿正在低头叠一方手帕，小狗在她身边跳跃，丁克拉格则朝着镜头微笑，礼帽下的眼睛充满了温柔和自信。

他们在洛桑度过了一段温情脉脉的田园生活。后来，香奈儿重返巴黎，与她最爱的工作在一起，丁克拉格便去了西班牙定居。分手时，香奈儿慷慨地资助了他一大笔费用，足够他安度余生。

她也说起时尚。

“四分之一个世纪以来，我一直在创造时尚。”从女帽到服装，从香水到珠宝——她解放了女性的身体，唤醒了她们自由的意识，让“香奈儿”成为一种不可替代的风格；她颠覆了整个社会的法则，让时装设计师步入上流阶层，也让王公贵族成为她的雇员。

时光飞逝，尘梦一觉，新凉几度人生。

她不禁感叹道：“我曾为整个世界设计服装，现在它却仿佛赤身裸体……”

“二战”之后，她避居瑞士，时常遇到有人跟她谈起那位传奇的“香奈儿小姐”，他们却不知道，那刻站在他们面前的便是香奈儿本人。而战后的巴黎时尚风向，也渐渐被一批崛起的男设计师所掌控，比如克里斯汀·迪奥，已过不惑之年的他就正在试图让女人们回归丰乳肥臀细腰的时代。

1947 年 2 月，蒙田大道 30 号举行的那场高级时装新品发布会，让迪奥成了巴黎最有名的时尚设计师。

所有媒体都在报道，“新风貌”到来了——美艳的模特，遮住半只眼睛的帽子，吹弹可破的丝袜，高跟尖头鞋，一把纤腰的裙子，裙摆如花绽放，柔美的肩部线条，性感的紧身胸衣，还有维多利亚式烦琐与华美并存的工艺……战争让时尚匮乏了太久，女人们都迫不及待地想要焕然一新。

香奈儿在报纸上获悉了迪奥的成功。

她被激怒了，声称紧身胸衣的回归是对时尚的摧毁。在她看来，女人完全可以选择更为舒适的优雅，能走入生活的时尚才是真正的时尚。

的确，她依然关心巴黎的一切。

或者说，她从未真正地休息过，也从未想过要在瑞士享受晚年。尽管她已经非常富有了，她瑞士银行的户头里，每年都有大笔的资金汇入，那是来自香奈儿 5 号的利润分红。

但显然金钱并不能给她带来最核心的安全感。

爱情也一样。

她喜欢金钱，却不是为金钱工作。

她渴望被爱，却愿意为工作付出所有。

工作，才是能让她抵抗虚空、颓败，以及流言的东西。

她说：“总之，在我的有生之年，我不会休息。没有任何事情能比休息更会让我劳累和不快”“如果我放任自流，我知道忧郁正张大了嘴等待着我……”

没有工作的夜晚，她必须依靠镇定剂才能安眠。

一个不幸的女人。

一个伟大的女人。

莫朗明白，香奈儿野心依旧。

在距离巴德鲁特宫大酒店夜谈的三十年后，《香奈儿的态度》出版，莫朗在序言里追忆往昔，同时回味香奈儿那神秘、复杂、充满矛盾的性格：她羞怯，也大胆、她自卑，也骄傲；她虚弱无力，也斗志昂扬……

香奈儿性格生硬，手指灵活，措辞巧妙，言语简洁，那些有力的格言警句仿佛从一颗燧石般的心中落下，又滔滔不绝地自复仇女神的口中倾泻出来。

她那激流一般的声音你仿佛卷绕着无数的火山熔岩，她说出的字句仿佛是干枯的藤蔓不断地爆裂，她辩驳的话语也仿佛是长喙不停地啄咬。随着年龄的增长，她的语气日益专断，然而也更加衰弱和无力。

她那时感到自己被过去所困扰，被重现的时光所侵袭。苦涩的忧郁从她依然炯炯有神的双眼流出，她那用软黑眉笔勾勒出的眉峰愈加鲜明突出，仿佛是玄武岩的拱门。

最后，她又回到了孤独中。

孤独吞噬一切，包容一切，成就一切。

她害怕孤独，是因为生活在彻底的孤独之中。

她不怕孤独，因为她就是孤独本身。

“孤独，在今天的雪域与光芒中，我依旧没有丈夫，没有子孙，没有任何迷人的幻觉……我比任何时候都要孤独。”

她经常会感觉，自己是孤身一人活在世上，就像孤身而来一样。

“成长和生活在孤独之中，而后又孤独地老去。”但她告诉莫朗，正是孤独锤炼了她的性格，使她拥有了暴躁、冷酷而傲慢的灵魂和强健的身体。

一个孤独女人的故事，通常是一场悲剧。而她让这种不幸与伟大交融在了一起，其中有关她所坚持不懈从未放弃的斗争，“与自己、与男人们的斗争，与随时随地可能产生的诱惑、危险和脆弱的斗争”。

莫朗说：“她是奥弗涅唯一未灭的活火山，而整个巴黎都错以为它已经熄灭。”

而孤独，也能让人在生命的内核中找到自制自爱自强的能量，有了这种力量，便可以从深谷低洼里走出来，不被忧郁和绝望反

噬，不被空虚和寂寞打倒，躲过人心的贪嗔痴怨和命运的刀枪剑戟，重新站在穹天之下，无畏无惧，焕发光彩，满身伤痕如战甲。

现在，她用支撑她走过苦寒岁月的活力与斗志，再一次在孤独中隐忍，等待爆发的时机。

她曾代表了过去，也将成为未来。

“我会去到我应该去的地方”“我已经准备好要征服所有的社会”，就像当初她在涅比贡征服了男人和烈马，在巴黎征服了女人和时尚一样，这一次，她的目标依然明确——在不久的将来，她就会重整旗鼓，收拾河山，重建她的香奈儿帝国。

失败固然痛苦，维持原状则更为悲哀。没有什么可以打败我，除了我自己。

25

盛装归来——没有什么可以打败我

1954年2月5日，巴黎康朋街31号，香奈儿举办了“二战”后的第一场时装秀，正式宣布复出。

回归前夕，有人用镜头定格了香奈儿站在镜梯上的一帧影像，年过古稀的她已然盛装归来。无数的落地镜面让她瞬间拥有了各个角度的分身，仿佛一个人就是一支队伍。

世事几经变幻，时间篡改容颜，但与十五年前一样，依旧没有什么可以摧残她的内心。

她依旧烈焰红唇，耳坠明珠，环佩叮当。

依然有着一颗不畏不惧的少年之心。

帅气的短上衣勾勒出她几十年不变的窈窕腰线，颜色是横扫一切的黑。白色衬衫在珍珠项链的映衬下显得青春无限。一条烟灰色的羊毛裙，流露出内敛的奢华。她的双手插在裙兜里——长年累月的工作，让她的手指患上了严重的风湿，指节粗壮，皮肤粗糙，手指上曾留下过上千个针孔，疼痛时常折磨着她……那是一双长满故事的手，也是她的武器，不过那一刻，它们尚在裙兜里不露圭角，以逸待劳。

还有，依然是黑色礼帽。帽檐下是一双不露声色的眼睛，正冷静地看着旋转镜梯下的一切。

楼下什么人都没有，但她相信，不久之后，这里就会恢复往昔的繁华。

为了这次复出，香奈儿再次装修了沙龙。除了一楼的精品店，一切百废待兴，她花了一个季度的时间来做准备。

旋转楼梯上的镜面全部重新换过，黑色的地板一尘不染，象牙白的墙壁散发着丝绸一般的光泽，天花板上的水晶吊灯与镀金的椅背交相辉映。

楼上则是她的工作室和私人寓所——她依然保持了在丽兹酒店入睡的习惯，这里仅供工作、休憩和会客。

她把寓所布置成了一个小型的博物馆：大理石壁炉，麂皮沙发，乌木漆面屏风，水晶山茶花，镀金麦穗，来自中世纪的摩尔人雕像，维纳斯女神雕像，狮子画像，青铜麋鹿，纯金首饰盒，陨石，印度版画，用来占卜的水晶球和塔罗牌，两面墙的书柜和毕生所藏的图书……

这些藏品，见证过她繁复的情感之途，陪伴她走过人生的辉煌和落寞，也关乎一个出身寒微的女人对爱与温暖的幻想。所有华贵的孤独，都能在此处安顿，即便身如槁木，也能心如轻舟，在时间的河流里畅想漫游。

她还亲自挑选了上百名模特，要求气质独特，身材苗条，有着良好的教养。

曾有记者采访其中一位名叫卡洛琳的模特，卡洛琳笑称，身为一名香奈儿的模特，可谓是一场幸福与汗水并存的体验。

在纸上设计稿日益盛行的年代，香奈儿所有的设计作品都在模特身上完成，就像她所说的："我没有办法在纸上画设计稿，因为我会一直修改，不到最后一刻，我自己也不知道效果是什么样子。"而她的模特也需要一直站在那里，任由她在她们身上丈量、裁剪、缝制、修改、打磨，一遍又一遍，直至筋疲力尽。

即将举办的发布会有近百件单品，全部来自香奈儿的手工缝制。

她的模特们见证了一切。

她对工作有着绝对的炽热和虔诚。

通常，她的脖子上除了层层叠叠的珍珠项链之外，还有一把剪刀，用缎带拴着，银光闪闪，锋芒毕露——在她心里，裁剪是至为重要的。她在模特身上不知疲倦地修改，或弯腰，或跪地，或趴在地上，不放过任何一个细节。

比如袖孔，就被她打磨成了独一无二的工艺秘密——香奈儿的服装，总是那么贴合身体，不管你是怎样的身材，她的衣服都能动静相宜，好像是在身体上长出来的一样。

发布会的前一晚，香奈儿就曾趴在地板上，要求模特列队从她身边经过，她要一个一个检查，每一个褶皱，每一个针脚，不允许有任何一个微小的瑕疵出现在她的作品里，哪怕是最不引人注目的裙边内侧。

其中卡洛琳穿的那套衣服，香奈儿就曾修改了不下二十遍。

但当卡洛琳穿着改好的衣服站到镜子前时，所有的疲惫都将一扫而光，那一刻，镜中人仿佛脱胎换骨，从内而外洋溢着优雅和青春的气息。

她相信，美和舒适永不过时。

就像相信世间所有怒放的才华，都是用汗水浇灌出来的花朵。

或许世间也有一种美，叫作每个女人都会爱上身穿“香奈儿”的自己。

香奈儿选择在 5 号召开她的复出时装发布会。5 是她的幸运数字，曾给她带来无尽的财富和盛名。

只是这一次，幸运之神并没有眷顾她。

下午两点。“出场吧。”检查好最后一个模特，香奈儿坐在镜梯的顶端，点燃了一支烟，向模特们挥手示意。

模特们排好队不紧不慢地走向楼下的沙龙。她们手里拿着号码牌，姿态秀丽，步履从容，眼神冷静。

楼下挤挤挨挨坐满了来自世界各地的宾客，有名流，有记者，有编辑，有商人，有顾客，有同行，无远弗届。

有人来看热闹，也有人来看笑话。

距离香奈儿的上一场时装秀，已经相隔十五年，其间，她经历事业低谷，幽居他乡，年过古稀。大家不禁交头接耳，议论纷纷，这个瘦小的充满传奇的女人，在跌落尘泥之后，是否还能再次走上时尚巅峰呢？

若从发布会来自看，世界在变，时尚在变，而她始终如一。

依然是以优雅为核心，版型、舒适度、精致度都完美得无可挑剔。

但也依然看不出紧致的曲线。模特们在沙龙里寂静地行走，让许多年轻人都感到沉闷和保守。毕竟当时，人们已经习惯了迪奥式的时装秀，模特踩着音乐的节拍迅速穿行在 T 台上，风格明艳，举止活泼，魅力四射。除此之外，他还让模特们展示一些配饰，衬托她们性感的身段。

那么香奈儿是坚守初心，勇往直前，还是不思进取，故步自封？

当最后一个模特展示完毕，观众们陆续离场，敷衍的掌声，失望的叹息，尖锐的言语传到楼上时，香奈儿不禁感叹道：“女人不应该是服装的奴隶，可惜很多人都无法明白。”

显然，对于事业的光复，她有着不可动摇的信念。她也有自己的想法，从不会盲目地随波追流。

发布会前，她曾告诉记者，那些等着看一场服装革命的人或许要失望了，因为这只是一个女人用爱设计出来的系列。

而发布会后，想来那些等着看她笑话的人也要失望了，所有的冷嘲热讽都不过是在为她的熊熊斗志添薪加柴。

当天的发布会就像一个法庭，记者们都成了审判者。法国和英国的媒体首先对其判了死刑。

法国媒体对香奈儿进行了报复式的抨击。

“病态的黑色，凝重的气氛，一场让人悲伤的回顾。”《曙光报》的记者写道。《战斗报》则毒辣地批评：“香奈儿的风格已经不属于这个时代了，她落伍了……”

如果过去的时光是一匹狮子，那么现在，在他们眼里，驯狮者已经死去，留在世间的，只是一个 30 年代的幽灵。

更有人对她进行人身攻击，暗讽她整容——因为她比同龄人看起来年轻；诋毁她同性恋——她经常跟女模特们待在一起；拿“二战”时期的往事来做文章……甚至讥笑她是“一瓣老蒜”。

在英国媒体的眼中，香奈儿的回归秀也是“一次惨败”，“让观众惊愕”。

《每日快报》的记者撰文挖苦："香奈儿的模特们真是一群呆头鹅，她设计的衣服用来打扫办公室最合适不过了……真是一场灾难。"

最后，一名记者还不忘为"可悲的香奈儿"指点往后的人生："当一个人的光芒黯淡时，就应该虚心接受，依靠过去的名声，可不是引起注意的好办法"……

然而美国媒体却有截然不同的意见。

美国《时尚》杂志与香奈儿合作多年，曾一路亲历她的风光年代，为她的成功锦上添花。这一次，在她重振旗鼓时，他们不仅没有弃她而去，更没有落井下石，而是表现出了老友重逢的喜悦，全力支持她的复出，为她雪中送炭。

于是，美国人民将看到，《时尚》杂志的 3 月刊号上，卷首页就是"香奈儿"的时尚大片——香奈儿最钟爱的模特玛丽・赫莲娜・阿尔诺穿着她最新设计的作品，一套海军蓝泽西针织外套靠在春天的墙边，双手插在短裙的口袋里，衣袖恰到好处地卷起，露出一截白衬衫的袖边，以春意盎然的优雅和青春逼人的灵气，呼应了她的强势回归。

紧接其后还有整篇的版面报道，主编贝蒂纳用热情饱满的笔墨欢迎了香奈儿，长篇累牍地为年轻人讲述香奈儿的传奇故事。除此之外，贝蒂纳还定制了香奈儿的新品，并穿着它去参加时尚展示会，当那些大商场的老板问起她身上的衣服时，她粲然一笑，为自己的慧眼识珠表示满意："香奈儿，给女人最舒适的优雅。"

女人的优雅，在于独立。

服装的优雅，在于自由。

只是在巴黎，在康朋街，香奈儿依然需要面对排山倒海的质疑。

皮埃尔也忧心忡忡地赶来了，他很担心这样的负面新闻会波及香奈儿香水公司的产品。

皮埃尔请求她停止工作，不要再消耗香奈儿品牌之前积累的名誉和声望。

但香奈儿用公牛一般的固执告诉他，她会继续工作，而且会不断继续，无论是成功还是失败，都无法阻止她工作的决心。

"没有人可以打败我，除了我自己。"

诚然，失败固然痛苦，维持原状则更为悲哀。

如果一个人的内心无法强大，那么任何事物都不能将其摧毁。

而一个人获得的真正的自由，即是可以不为别人的看法而活，可以屏蔽掉来自外界的干扰。曾经风光旖旎时，她不曾自满；如今黯淡荒凉时，她也不会自弃。

不久后，康朋街就收到了无数来自美国的订单。

这时，美国的《生活》杂志也在趁热打铁地宣传“香奈儿”，仅是引言就长达四个页面：“香奈儿，全世界最有名的香水背后的名字，一位伟大的时尚设计师，阔别多年，依然匠心独运，技艺从未倒退……”

的确，香奈儿依然是个造梦者，有着无可抗拒的影响力。

她为女人们带来舒适轻便、清新优雅的套装；她让女人永远自由得体，充满安全感和年轻灵动的气息，让人心生欢喜……

或许也可以这样说，如果不幸有哪位女士不会按照场合挑选衣服，那么挑选香奈儿总是对的，它适应各种场合，是永不会出错的风格。

而戏剧性的是，就在香奈儿召开第二场新品发布会，美国女性以及好莱坞明星为香奈儿的回归欢呼喝彩的几个月后，法国与英国的时尚风向也在悄悄地发生改变，那些时尚记者似乎都忘记了曾经刻毒的嘲讽，纷纷声称被香奈儿的风格所打动。

《ELLE》杂志的封面率先刊登了香奈儿的新品，“生活”系列中最出色的套装由著名模特苏西·帕克展示，衣服上镶嵌着镀金纽扣，纽扣是盛放的山茶花。

《时尚》杂志的赞美接踵而至。

香奈儿的风格再次受到了全世界的欢迎。

1955年2月，香奈儿又马不停蹄地发布了手袋系列。

当蜂拥而至的记者问起设计手袋的初衷时，她大方地说道，是因为一直拿着手袋很累，又怕弄丢，所以在上面加了一条肩带，而且是女人们最喜欢的金链，于是，可以背的手袋便诞生了。

其中也诞生了“2．55”，迄今为止，这款香奈儿最为经典的手袋，依旧以发布会日期命名，并包含着能带给创始人幸运和能量的数字 5，而那加了衬棉的皮革和菱格纹车线，又让人忍不住去联想她那马背上的青春年华。

时年 72 岁的香奈儿再次向世人证明，时尚就是创造力。

法国《时尚》杂志在 1956 年伊始刊登了香奈儿的两套经典时装。

一套为白衬衫搭配的干练黑色外套，那样的版型曾是美国女性的最爱，现在，又亟待征服法国女性。

还有一套为黑色巴里纱裙，飘逸的裙摆和宛若披肩的肩部设计，迷倒了所有的女人。而电影《去年在马伦巴》的主演德尔菲娜·赛丽格就将其穿到了大银幕中。

接下来，香奈儿又获得了美国时尚界的最高荣誉——“时尚杰出贡献奖”。1957 年，去达拉斯领奖时，香奈儿接受了《纽约客》的专访，声称在低谷之时，很感谢美国人民对她的支持。

她的魅力征服了采访者，她们相谈甚欢。

那位记者称香奈儿是“这个时代最伟大的设计师”，并赞美

她非常漂亮，有着深棕色的眼睛，明媚的笑容和 20 岁年轻人般的活力，“她握手非常有力，虽然嘴上说我真是太累了，但其中却透出无比的自信，因为她知道自己有资格说这样的话”。

她从容地说道：“我的身体里住着一个少女，即使我 100 岁，我也充满斗志和活力。”

如此，经过数年的时间，香奈儿终于东山再起，涅槃重生。

法国总统乔治·蓬皮杜的太太，美国第一夫人杰奎琳·肯尼迪，好莱坞影星伊丽莎白·泰勒、玛丽莲·梦露、让娜·莫罗、英格丽·褒曼……都成了她的忠实顾客。

其中肯尼迪夫人更是香奈儿的超级拥趸，也是最为耀目的代言人。她对香奈儿的设计迷恋不已，从服装到配饰，从香水到化妆品，她一边穿戴使用，一边收藏品味，据说她家里好几个房间全是“香奈儿”的东西，比康朋街 31 号还要齐全，俨然一座小型的陈列馆。

而在 1963 年的那个冬日，肯尼迪总统遇刺的那天，肯尼迪夫人穿的正是一套香奈儿的粉红色套装——那套衣服上染满了她丈夫的血，后被收藏在美国国家档案馆里，见证了一个女人的命运转折，以及一个时代的唏嘘。

现在，法国媒体和英国媒体也终于愿意承认，历经一番艰苦的斗争，这位年迈的小姐已经夺回了时尚界的第一把交椅。

美国媒体简明扼要地写道：“香奈儿——王者归来”。

香奈儿成功了。

但成功总不能避免效仿和抄袭。

然而香奈儿却认为，与其坚决保护，不如不断创新。

1960 年时，她告诉记者：“来我的店里，你可以把我的创意都偷走”，“抄袭和效仿，是对我成功最大的认可和奖励”。

可不是吗，在她成功之后，就连她的站姿也开始被人效仿——

那是一种洒脱不羁的优雅，风姿卓然……一只脚超前，像猫轻轻踮起前脚，小腿曲线迷人，胯部前送，两肩放松下垂；一只手插入裤袋或裙袋，另一只手夹着香烟，或比画手势，从容得像猫一样；然后，那些珠玉一般的语言便从她的口中吐出，让你心醉神迷……

只要有人想念他，那么死者就没有死去。

26

永远的香奈儿小姐

这一年，香奈儿已经 80 岁了。

一个 80 岁的女人，她没有抱着猫咪坐在树荫下回溯往事，享受儿孙绕膝的天伦之乐，而是每天奋斗在工作间里，日复一日，不断地提升自我，迎战对手，征服未来。

80 岁，她依然是康朋街雷厉风行的香奈儿小姐。

她岁数大了，但她不承认自己已经老了。她是一个不被年龄禁锢的人。当她的仆人请求她早些下班时，她就会用不屑的语气抗争道：“如果有一天，我真的觉得自己老了，我自然会躺在床上，老老实实地憩息。但生活是一件奇妙的事情，工作同样，我热爱它们。”

是的，她热爱生活，热爱工作。她用自己独特的生活态度，重新定义了一个女人的暮年。

1963 年，百老汇制片人弗雷德里克·布瑞森来到了康朋街 31 号。出生于丹麦的布瑞森态度诚恳，风度优雅，与之前许多制片人都不同的是，他闭口不谈合作，而是用他亲切流利的法语告诉香奈儿，希望她可以让他实现自己的一个私人梦想——为伟大的可可·香奈儿量身定制一部音乐剧。

很多年后，布瑞森在日记里回味那个奇妙的午后，依然心绪缱绻。他印象中的香奈儿小姐尽管已经 80 岁了，身上却依然散发着少女的气息，抬起头与他对视时，他就能看到她三色堇一样的瞳孔，还有葱葱郁郁的黑色睫毛，温柔的香氛在空气中慢慢挥发，一切令人怦然心动。

布瑞森告诉香奈儿，这部音乐剧将由奥斯卡影后赫本小姐主演，《窈窕淑女》的作者艾伦·杰伊·勒纳提供剧本，塞西尔·比顿负责海报和服装设计，安德烈·普列文作曲，高达 275 万美元的投资费用则由派拉蒙影业全部埋单。

多年以来，大洋彼岸的人们都在企盼她的传奇故事，从好莱坞到百老汇，从制片人到导演，从米高梅到派拉蒙，这一次，他们又用“百老汇史上成本最高班底最硬的制作”来诱惑她。

香奈儿依然没有答应。

或许，她并不想把自己的故事晾晒给睽睽众目，让人们作为茶余饭后的消遣，添油加醋，任意编排。

又或许，她对自己的出身依然心伤难愈。

比如之前她对莫朗述说的回忆录，就明显有涂改童年的痕迹，而且，依照她的意见，那些文字必须在她离世后才能出版。

又比如那些为她撰写传记的作家，也必须接受她的反复无常，很有可能，前一分钟她还在口述，后一分钟她就会令你即刻销毁。

不过，她还是有些心动的。

比如她会说到，《窈窕淑女》她很喜欢，塞西尔的服装让她放心不下……

她会问到，是哪一位赫本出演，奥黛丽还是凯瑟琳——如果是奥黛丽，倒是可重温她与卡柏男孩在一起的时光；而凯瑟琳，年近 60 的她，就只能重塑她那场轰轰烈烈的东山再起了。

她甚至为自己的人生设计了温暖的开局——

八十年前，她还是个睡在温暖摇篮里的小小婴儿，她的妈妈在一旁哼着好听的童谣，壁炉的火光跳跃着，发出细微的响声，英俊的父亲俯身亲吻她的额头，用世间最柔软的声音唤她的小名——我的可可，我的小卷心菜……他的声音仿佛会发光，继而照亮她的一生。她已经学会了扭头，看到房间里堆满了麦穗，象征健康、财富、吉祥和丰饶……

布瑞森没有灰心。

他曾带着夫人到巴黎宴请香奈儿；曾与塞西尔一起免费为香奈儿拍摄时尚大片；曾让勒纳拟好几个版本的剧本，希望能打动香奈儿；也曾带着普列文到康朋街的沙龙，为香奈儿现场演奏美妙的乐章……

最后，又请求凯瑟琳专程到巴黎拜访香奈儿——多年前，慧眼如炬的香奈儿曾预言过她的星途和前程，现在，她已经是好莱坞最伟大的电影明星。

会见香奈儿这个时装界的伟大人物，有着“非洲女王”之称的凯瑟琳也难免有些怯场。

后来她在采访中表示，从来不知天高地厚的她，还是第一次对一个角色感觉心里没底。好在香奈儿对待凯瑟琳就像故友重逢，“凯特，”香奈儿亲昵地称呼凯瑟琳，“好久不见，你还是活力如初。我喜欢你身上特有的战士气质，和我一样。”

听到这句话，凯瑟琳不禁喜出望外，她知道自己已经成功了一半。

1967年，香奈儿应允了布瑞森的计划。

在香奈儿的默许下，这台音乐剧最终取名为《可可》，剧情砍掉了她的前半生——阴郁的童年、清冷的青春年代，以及在马背上驰骋的时光。重心放在“东山再起”上，关于自由、独立和永不懈怠的战斗力。

《世界是年轻人的》《康朋街的角落》《可可》《奥尔巴克，布鲁明戴尔》《赛克斯》《永远的香奈儿小姐》……

凯瑟琳将按照以上曲目，倾情演绎“小姐”的后半生——一个孤独女人的奋斗历史，一个从低谷重临巅峰的王者传奇；一个功成名就，孤独终老的故事。

两年之后的冬天，《可可》制作完毕，正式登陆百老汇。塞西尔为该剧准备了两百多套戏服。其中模特们表演的服装，则全部来自香奈儿的工作室。

《可可》开演不到半个月，一百多万张门票就被抢售一空，观众们给了香奈儿和凯瑟琳最大的热情。

高达三百多场的演出，几乎场场爆满。

对于凯瑟琳的演技，评论界赞扬道——炉火纯青。

可见，凯瑟琳一切的努力都没有白费。彩排时，她每天都是第一个到最后一个离开。之前，为了能够演好“可可”这个角色，她还多次去康朋街的沙龙看香奈儿如何工作，揣摩其心理，说话的语气，举止，表情……

“永远不要做没有扣眼的扣子，这句质朴的话令人敬佩，它应该成为所有女装设计师，以及所有建筑师、音乐家和画家的座右铭。”

这句话曾是香奈儿在工作时说过的，也被凯瑟琳加到了剧本里。面对《时代周刊》的采访，她说："香奈儿的故事告诉她，一个人应该永远脚踏实地，切勿虚张声势。"

的确，即便抛开《可可》的成功和演员的精彩演技，凯瑟琳与香奈儿也是同一类人。

她们比任何女人都有女人味，也比任何男人更坚韧，更有风骨。

她们都很睿智、偏执、孤独、健谈。

都有着相同质地的灵魂，枝繁叶茂的内心。

都无法停止工作，崇尚自由和独立。

都永不服输，永远生猛，充满战斗力。

都将年龄狠狠丢到了一边。

然而，香奈儿不惧岁月，岁月却摧毁了她的身体。

她的关节炎和风湿病越来越严重了。每天睡觉前，她都在大把大把地服用维生素和止痛片，还需要依靠注射镇定剂来入眠。

她也从不看医生，认为在医生面前袒露身体和痛苦，有失她的体面。

《可可》首演之前，她曾答应剧组要去纽约为凯瑟琳捧场。但就在动身之前，她突然中风，整条右臂都失去了知觉。

这次她必须面对医生了。

一切都让她感到羞辱，记者围剿了医院，她声称躺在病床上的自己就像待宰的羔羊。

幸运的是，三个月后，她的手臂就基本恢复了正常。

出院的时候，巴黎春意盎然，阳光和煦。她换上套装，戴好首饰，涂上最艳丽的口红，洒上香奈儿 5 号，又立马回到了康朋街，每天戴着护腕孜孜不倦地工作："我真是要发疯了，能工作才是最让人开心的，感谢上帝，我还可以拿剪刀。"

为了练习手指的灵敏度，她还在学吉他。她让朋友谢尔吉·里法教她，学得非常快。

有一段时间，下班后，坐在寓所的乌木漆面屏风下，身边白山茶静静地开放，她就会开始自弹自唱一支曲子："美丽的恋人啊，你是我的家乡，你是我回不去的时光……"

这一年，她已经 87 岁了。

而当人们问起她的年龄时，她却像女巫一样制造起了迷雾："要看你什么时候问的，我希望自己多少岁就是多少岁，或者说，我永远 13 岁，我也永远 100 岁。"

她是活在年龄之外的人。

事实上，她也比任何人都清醒，她可以永远年轻，但她不可能永远活着。

周末的时候，她喜欢去市郊的墓地走一走。

童年时，她就喜欢在奥弗涅的公墓里流连。在那些凹凸不平的小土丘上，她用矢车菊画出图案，用虞美人画出窗子，用雏菊勾勒花纹，创造出一个专属于她的隐秘空间。她曾向莫朗说起那段往事，将自己描述成一个秘密花园的女王，与地下的居住者们互不相识，却好像可以互通心曲。

一如现在，这片安静的墓地里，也没有她的亲人、友人或爱人。

“只要有人想念他，那么死者就没有死去。”这些年，他们都离她远去了，又好像一直在她身边，米西亚、维拉、西敏公爵、艾提安、科克托、阿德里安娜、安德烈、科莱特，还有丘吉尔……

1965 年，香奈儿在电视上看到了丘吉尔的国葬，不久后，她就在瑞士洛桑为自己买了一块墓地。

途中她又告诉管家，如果有一天她死在了巴黎，那么请将她放在汽车后座上带回洛桑——边境有人问起，就这样回答：“这是香奈儿小姐，她需要长久地休息了。”

管家弗朗索瓦是香奈儿忠实的朋友，他和女仆席琳负责照顾香奈儿的晚年。也只有他们，才能看到香奈儿内心最深的伤痕和脆弱。

在香奈儿生命的最后几个月里，她经常在康朋街停留。

她穿着黑衣，熄了灯，坐在寓所的大沙发里，身边放着她的剪刀，仿佛一不留神，就会消融于无边的黑夜。

她依然在丽兹酒店睡觉，却开始频繁地梦游，被噩梦所困扰。

很多个晚上，她都会像一个被抛弃的孩子一样，游荡在走廊上，然后蹲下来哭泣，或者是从床边拿出剪刀，疯狂地剪自己的睡衣。

后来，她害怕自己在睡梦中走失，便请求女仆将她绑在床上。

而当黑夜过去，黎明来临，第一缕晨曦亲吻丽兹酒店的窗台时，香奈儿就会准时洗漱，坐在梳妆台前，开始描画眉毛，涂抹口红，换上熨帖的套装，准备去康朋街上班。

她似乎愈发忙碌了。

春季时装展迫在眉睫，这又将是一场硬仗，她一定要赢得漂亮。她甚至痛恨休息日和新年，认为那些可恶的假期阻挡了她工作的进程。

1971 年 1 月 9 日，新年上班后的第一个星期六，在丽兹酒店休息的香奈儿突然合上书本对女仆说，她实在忍受不了工作尚未完成的痛苦。

于是，她打电话给助手，要求对方赶到康朋街陪她加班。距离春季时装展已经不到一个月，她必须再检查一遍服装。

所以，直到去世的前一天，她还在工作。

第二天，也就是 1 月 10 日，香奈儿突然感觉到了一阵从未有过的疲惫。

这一天，她没有再要求员工加班，只是让司机带着她在巴黎的街头穿行，吹着春天的风，观看尘世的热闹和冷寂。

这座城市成就了她的梦想，每一寸清风里，都生长着记忆：

她曾在法兰西大剧院为茶花女的命运潸然泪下，然后决心走出艾提安的城堡；

曾在圣日耳曼的晚宴上夺门而逃，决定从此不靠男人生活；

曾在康朋街举办第一场时装秀，惊艳了法兰西时尚界；

曾与卡柏一起住在加布里埃尔大街，那是她一生中最美好的年华；

曾在米西亚的沙龙里与毕加索、科克托彻夜长谈；

曾在赛马场与皮埃尔合作，创造出香奈儿 5 号的神话；

曾在圣·奥诺雷街的寓所里，接受勒韦迪的诗意启蒙，从此开启她的艺术世界；

曾在丽兹酒店对镜梳妆，开着她的劳斯莱斯去飞云号上赴约……

她也曾在地下室里躲避炮火的袭击；

曾被警察以通敌的罪名带走；

曾深陷事业的谷底，忍受漫天的流言与攻击……

她也看到一个又一个的人来到巴黎打拼，一批又一批的人被彻底遗忘。

看到法国历史学家安德烈·马尔罗的话出现在了杂志上——这个世纪的法兰西，只有三个名字会流传于世：戴高乐、毕加索，以及香奈儿。

坐在车里，她望着窗外，脸上挂着无法捉摸的微笑，眼睛却渐渐朦胧。

风继续吹，但她已经很累了……

是夜，她回到丽兹酒店时，巴黎的上空已经升起一轮满月。月色非常好，澄澈明亮，给城市镀上一层温柔的清辉，一如少年的纯真瞳眸，观望着世间万物，不懂悲伤愁苦。

只是她无心欣赏月色，一到达房间，倦意就像潮水一样袭来了，瞬间她淹没。

再醒来时，夜色又深了一层。

大约 8 点左右，她告诉席琳，她想吃点东西。

“好的，小姐。”席琳把菜单呈给她，她开始饶有兴致地翻阅，想着自己应该吃点什么补充体力，好为明天的工作做准备。

但就在那一刻，她突然大叫起来：“我无法呼吸了……”然后痛苦地指着窗户，让席琳打开。

席琳赶紧为她注射了一支吗啡，而她慢慢失去了知觉。

当医生赶到时，她已经平静地告别这个世界了。

席琳为她合上了双眼，白色床单下的她，穿着洁净的白衣，呈现出少女的轮廓。

“原来这就是死亡的感觉……”这是她留在世间的最后一句话。

“本世纪最伟大的设计师，可可・香奈儿小姐与世长辞”的消息，也成了 1971 年最令人感慨的新闻。

小嘉柏丽尔为她的姨婆操持了葬礼。

追悼会在巴黎玛德莲教堂举行，香奈儿的灵柩放置在玛利亚圣象之下，沐浴着神性的光辉。她生前的同行们都到来了，他们向她表达了永恒的追思与敬意。她的朋友们依次为她献上最美的白色鲜花。模特们则穿着整齐的香奈儿套装为她送行。

依照香奈儿生前的意愿，她的遗体将被安葬在洛桑。

没有人知道，她为何选择长眠于他乡。

或许，在那里，她才能放下所有的身份和爱恨，获得真正的清净与自在，如同重生的婴儿。

她的墓碑上刻有五只狮子的浮雕，代表她的幸运数字和星座——狮子是她的灵感源泉，活跃于她所有的作品中。狮子更是她的守护神，赐予她坚不可摧的智慧、勇敢和力量。

还有一个简单的十字架，写着她最初的名字——“嘉柏丽尔・香奈儿，1883—1971”，表明她已是人间的一个故人。

香奈儿曾说过："只要有人想念他，那么死者就没有死去。"

而从卡柏男孩去世后，香奈儿就开始相信这个世界上有灵魂存在，肉体的死亡不过是生命体态的一个转化，灵魂将会继续守护着生前所爱，永远永远。

现在，她也成了那个被全世界想念的人。

她开创的香奈儿品牌，一直尊崇着她的精神DNA，每一件香奈儿产品都是女人的梦。

曾有人说，每个男人心里都有一个奥黛丽·赫本。

那么，是不是每个女人心里都会渴望成为可可·香奈儿?

生命稍纵即逝，传奇永垂不朽。

一如香奈儿的魅力，延续至今，从未改变。

番外

香奈儿的腔调

直面香奈儿的时尚内核，爱情气质和生活美学她的时尚帝国，她的内心世界。犹如一座古老、孤独且戒备森严的城池，没有人可以轻易靠近。符号，标识，或者说，优雅象征，精神图腾。找到了它们，就找到了幽径与密钥。

番外一

说吧，时尚

1. 山茶花

山茶花，香奈儿的灵魂之花。

有生之年，她第一次见到山茶花，是在奥巴辛修道院。

大雪封山，万籁俱寂，肃穆的高墙之下，山茶树油青的枝叶间绽开了第一朵花，素缎一般的花瓣，经过冰雪的映衬，呈现出水晶的质感，姿态优雅动人，如一道神秘的光芒，照亮凄寒幽暗的心空。

成年后，她去巴黎观看《茶花女》，海报上的女子耳际簪戴的，正是山茶花。

白色的山茶花，历经风月与名利的沉浮，依然保持本性的清雅无垢。就像茶花女生不逢时又纯洁浪漫的爱情，触动了她善感的心弦。她开始渴望过一种至情至性的生活。山茶花，是她心灵的寄寓。

“山茶花，我灵魂的花朵，无香之花，自由而忧伤，洁白而孤傲……”从此之后，她的帽子上，就多了一朵白色的山茶花。

上流社会的男士曾将山茶花佩戴在西装翻领处，给那一抹清新的白色，增添一份中性的率真，愈加让女士心折。

与卡柏男孩相恋后，她在设计中首次加入男装元素。山茶花，点醒了她的灵感，成了女装腰间最亮眼的点缀。

在卡柏的寓所，她见到乌木漆面屏风。凤凰鸣于高岗，山茶怒放枝头，勾勒出最旖旎的蜃景。似被宿命击中，她爱上古远雅丽的东方风情。

等待卡柏归来的夜晚，窗外风雪簌簌，她令人在浴缸里撒满山茶花，热气氤氲间如临仙境，她用花瓣清洗肉身的疲惫，唤醒灵魂的清洁。

山茶花，在红尘与梦土之间，足以引渡芳心。

卡柏去世后，山茶花又在小黑裙上绽放，孤寒清贵，别具一格。

在她的时尚世界里，黑与白不再对立，而是相得益彰亲密融合的颜色。

她用黑与白的搭配，表明自己的时尚立场，冷艳而寂寞，简约而奢华。

当黑夜遁入时间深处，唯余一朵皑皑色，还在向世人诉说着，一个女人永恒的爱与追忆。

大约从上世纪六十年代起，她回归巴黎，重建香奈儿帝国，之后所有的设计里都能见到山茶花。

之前，她设计了风靡全球的香水，却始终无法调制山茶花的香味。

无香之香，一切香气的主宰。

不可复制，方为珍贵。

直至今日，“香奈儿”品牌依旧在延续她的山茶花系列。

雪纺，丝缎，漆皮，羽毛，流苏，琥珀；刺绣，印花，雕刻，镶嵌，镂空；首饰，腕表，纽扣，吊灯，地毯……在心灵的寄寓和幻想的畅游之间，材质，工艺，风格，尽可千变万化，永无止境。

“岁月流转，愿生如此花，不凋不败，无上清凉。”

一如她曾赋予山茶花一切可能，山茶花曾指引她获得一切。

2. 麦穗

麦穗，在香奈儿的世界里，随处可见。

童年时，她目睹邻居离世，害怕幽灵藏在床底下，而在睡梦中尖叫。是她的父亲手持麦穗将她搂在怀里，告诉她，麦穗可以驱散恐惧，渡人苦厄，让人心生安宁。

自此，不管栖于何处，她都会在床头放一束麦穗，仿佛父爱，余温尚在。

在所有的情人中，卡柏是对她影响最深的一个。10 号塔罗牌，卡柏的遗物，她一直收藏着。牌面上，金黄的麦穗堆在原野，带来大自然的神秘昭示：

镰刀总在身边

将使你警惕危险

你不能逃避

无论你身向何方，永远永远

无论身向何方，她的身体里，都流淌着奥弗涅的血液，永远勤劳，永远居安思危。

一如卡柏留下的精神遗物。

“早晨要撒你的种，晚上也不要歇你的手。”

《旧约全书》如是说。

如今，这一版的《旧约全书》依旧摆在她康朋街寓所的书架上，厚重的褐色封皮，犹如广袤的沃土，蕴藏无尽的生机与希望，书脊上的镀金麦穗，正发出汗水与阳光的色泽。

寓所华丽的壁炉台上，镀金麦穗木雕给人带来丰收的喜悦。

还有许多直接收割的麦穗，还散发着久远的田野清香。

以及一张一战时期的法兰西宣传海报，“请播种小麦吧，它是法国的黄金。”

达利赠送给她的画作，与耶稣受难像放在一起。一枝金黄饱满的麦穗，悬浮在黑色背景里，如思想者的头颅，孤独，苦寂，内涵如大海，不眠于黑夜。

她也曾设计过麦穗滚边的服装，曾将麦穗元素加入珠宝。麦穗是她的灵感之源，见证她的才华与创意，生生不息。

麦穗，亦是她情感的载体。

象征着健康，勤劳，朴实，丰饶。

预示着财富，吉祥，智慧，美满。

保留着她苦难童年里，那一抹稍纵即逝的暖色。

3. 狮子

豺狼成群，狮子独行。

天生的王者。

狮子，是香奈儿的星座，黄道十二宫之第五宫，也是她渗入命理的象征符号。

“我的孤独生活并非偶然。我是狮子座，占星学家也许明白这意味着什么。对于一个男人来说，如果他自身不够强大，和我一起生活是非常困难的，至少是难以忍受的。而如果他比我更强，我不可能与之生活在一起。”

在爱情中，她孤傲敏感，也勇猛无敌。行走世间，想来也只有卡柏，才是可以与她比肩而立，灵魂相契的人。

但斯人已逝。

1920 年的秋天，与赛特夫妇同行的威尼斯之旅，终于让她走出了永失我爱的悲痛。

狮子，威尼斯的守护之神，代表复活的力量。在圣马可广场的入口处，高耸入云的圆柱上就屹立着一头展翅欲飞的铜狮。是时，天地威严，云霞隽美，她在圣马可教堂的钟声里顿悟，重获新生。

那些璀璨炫目的拜占庭帝国遗迹，数不尽的瑰丽奇珍，都令人叹服不已。在狮子雕像的威严目光下，她流连于教堂和博物馆，仿佛穿行于时空甬道，骤然接通了生命的磁场。

此后，威尼斯便成了她最钟爱的灵感之城。

狮子图案，开始在她的设计作品中频繁出现，或镌刻于纽扣，或化身为高级珠宝，或与山茶花在一起，将粗犷与清柔巧妙融合，如风入水，流畅自然，或在拜占庭风格的打磨下，魅力无与伦比。

在她的生命中，狮子一直占据着至关重要的位置。仅是康朋街 31 号的寓所，她收集的狮子塑像就不少于十座，青铜的，大理石的，木雕的，抑或纯金的，无不神秘尊贵，彰显出万兽之王的气场。

“正因为我是狮子座，我习惯以利爪自卫。但是，请相信我，我宁可伤害自己也不会抓伤他人。”

她是驯狮者，也是狮子本身。

只有自己才能打败自己。

只有自己才能成全自己。

刻有五只狮子浮雕的墓碑，是她生命中最后的杰作，代表她的幸运数字和星座。

时间封缄了肉身，而灵魂始终自由。

那些狮子，将永远守护着她的秘密，叙述着她的传奇。

4. 星空

在香奈儿的珠宝世界里，星空是永恒的主题。

在奥巴辛，她曾擎着烛台无数次走过那条铺满卵石的长廊。

无数光洁的卵石，通过有序的排列和镶嵌，构成一幅静止的星空。

年迈的修女嬷嬷告诉她，那是天空的语言，是上帝的旨意，是三位一体的奥秘。

她那时尚年少，不懂个中真意，只知草木荣枯，日升月落，年岁倏忽。

一天又一天，夜色如期漫过窗外的山峦，她在清冷的房间里，侧耳倾听远处火车开动的声音。

彼时，月光洒满地表，漫天的星星，是一个孤独孩子心底的鸟群。

一战时，卡柏在炮火声中给她写信：

“每当我想念你的时候，就会仰望天穹，虽然你离我很遥远，但我们仍在同一片星空下。”

那时，星空是爱情的倒影。

长夜如梦，愿风代问君安。

月色如歌，感念星子借你明眸，凝望我。

1932 年秋，她以“星空”为主题，在圣·奥诺雷街推出个人钻石珠宝展，为时尚界带来一场前所未有的盛筵。

昔年记忆，一点点凝结成灵感的酶，自有才华怒放。

她告诉记者，她要倾倒巴黎的夜空，为女性披上一身星辉。

1971 年 1 月 10 日，她在丽兹酒店静静离世。

“你就像黑夜，拥有寂静与群星。”

是夜，百鸟归巢，万籁俱寂，千千星辰亮过当晚月亮。

每一种色彩，都蕴藏一个世界，每一种色彩，都有自己的语言，色味，以及内在的神明。

香奈儿说，“适合你的颜色，才是最美的颜色。”她曾改写颜色的命运，一如改写自己的人生。凭借非凡的才华与斑斓的情感，她在时尚界编写出一套独具特色的色彩密码，从此自成风格，穿越时间，屹立不朽。

番外二

你好，色彩

1. 黑

在香奈儿的色彩辞典里，黑是茫茫宇宙，是夜色与时间，庄严，肃穆，典雅，孤寂，幽深，神秘。

它容纳一切，也战胜一切。

它是一切的源点，也是一切的归宿。

如果要用一种颜色为香奈儿的灵魂代言，那么一定是黑。

星星之所以成为星星，是因为距离。

一个人要想迷人，首先，得成为一个谜。

她喜欢神秘的物质，也喜欢制造神秘。

世人觉得她深不可测，爱她慕她崇拜她，却只有跋涉过最深的黑暗，才能真正抵达她。

就像她的作品，不是为了让你靠近她，而是为了让你找到自我。

1926年，为了祭奠卡柏，香奈儿让全世界的女人穿上了小黑裙。

第一次，有设计师用颜色定义时尚，打破颜色的界限与禁忌，惊艳至今。

在此之前，从未有人敢用黑色设计女性日常服装。

黑色是修道院的长袍，是葬服的哀伤，仿佛命运已被写好。

是香奈儿让黑色成为她的座上之宾，与她一起主宰时尚界，为女性带来魔力一般的优雅与风韵。

小黑裙，就是女人心中永远的梦和自由。

“如果你不知道什么场合穿什么衣服，那么相信我，穿黑色永不会出错。”

无论在哪里，穿黑色的女人永远是最亮眼夺目的那一个。

一如黑色本身，天生冷傲，不同凡响。

2. 白

少年时的香奈儿常做一个梦，她戴着玫瑰花冠，穿着白色的裙子，坐在白色的房间里，身边是打满白蜡的栎木家具，透着上古时代的安详，阳光温柔地漫上脚踝，窗帘随风悦动，如远航的船帆。

彼时，白色是财富与自由的象征，是她一生中最初的爱与美的梦想，代表着她生活的反面。

多年后，在威尼斯，她与米西亚一袭白衣去送迪亚吉列夫最后一程。“真希望你们永远都穿白色，让我想到那遥远的青春。”

上世纪三十年代，经济大萧条后的巴黎，首次以香奈儿的设计为时代命名。

“纯真的白缎子年代”，她设计的缎面白裙，迅速席卷了时装界。

是时，她住在 La Pausa 别墅，海风与岁月轻柔扑面，白裙如鸽翅飞扬。

“一个人的房间，就是灵魂的映照。”

她终于还原了那个少年时的梦境，一切按照她的喜好而生，从天而降的白色窗帘，来自全世界的古老家具，白色的墙壁，温软的地中海阳光，水晶灯下的白绒地毯，还有窗外洁白蓬松的云絮，让人忍不住想再做一场大梦。

“黑色包容一切，白色亦然。它们的美无懈可击，绝对和谐。在舞会上，穿黑色或白色的女子永远都是焦点。”

白色，如山茶的花瓣，如燃烧的雪，纷纷扬扬，完美诠释了香奈儿式的素雅与清纯，无邪与率真，让每一位女性回归少女姿态，肌肤雪白，心灵轻盈，光彩动人。

白色，也是无色之色，天堂之色，温情脉脉，纯粹通透，却有万钧之力，可以抚慰青春与灵魂。

3. 米

米色，让人想起南法的沙滩。

日光相照，树影朦胧，海岸线延绵远去，温热的细沙在肌肤上摩挲，感性如呓语。

中年后的香奈儿很喜欢米色。

上世纪五十年代，她从瑞士回归巴黎，设计了一个系列的米色系经典外套。

她自己，就是最好的模特。

在事业跌落低谷，遭遇背弃与嘲讽时，她选择穿着米色套装工作与出行，每天都会抹上猩红的唇彩。

她从容地告诉奚落她的记者：

“只有舒适，才是真正的时尚。”

“我很平静。因为米色让我感觉很自在，它自然天成，不经染色，给我最放松的状态。”

不久后，她的米色套装就穿在了伊丽莎白·泰勒的身上。

1957年，她重塑声望，又以米色为基调，开辟时尚界的新领域，设计出雅致而实用的双色半高跟女鞋。

米色皮革，英伦绅士高尔夫球鞋的重要材质，曾见证她与西敏公爵的爱情步履。

米色，也是最贴近肌肤的颜色，可修饰腿部线条，让腿部看起来更纤细修长。

鞋头选用黑色皮革，和米色搭配在一起，显得灵巧动人。

一个女人的步调，将直接决定她的气质。半高跟的设计，则增加了实用性，可以自由行走，又能步步生姿。

“会穿好鞋的女人，永远是美的。鞋子，是优雅的点睛之笔。”

她用米色告诉世人，颜色，也是一种魅力。

如果说白色代表的是青春的气息，那么米色代表的便是成熟的风情，一种自然从容的心灵状态，气韵悠远，温暖宁谧，如兰半开。

4. 金

“用金链吧，女人喜欢金色。”

1955年2月，香奈儿“2.55”手袋诞生。

在此之前，女性都是拿着手袋出门。而她重新定义了手袋的风格，以黑色的菱纹格皮革，搭配闪闪发光的金色链条，从此解放了女性的双手，也让这款手袋成为时尚界的传世之作。

她说，“四分之一个世纪以来，我一直在创造时尚。凭什么？凭我表达了这个时代。”

或者说，凭她懂得女人的心。

她喜欢金色。

于她而言，金色是大自然中至高无上的纯色，是奥弗涅山区起伏的麦浪，是奥巴辛圣物法器上的光芒，是贡比涅森林松脂的香气，是比利牛斯山脉蜜蜡一般的阳光，还是香奈儿N° 5瓶中熠熠生辉的液体。

金色，也是财富的象征，是经济独立的标志，是爱情的印记。

高级定制套装上的镀金纽扣，点缀双C，狮子，或山茶花，给人带来尊贵与自信。

脖子上的镀金剪刀，是用来征服世界的武器。

寓所里，金色蔓延了一切。甚至被书架完全覆盖的墙壁，也贴满了金色壁纸。

还有西敏公爵曾送给她的纯金首饰盒，一直摆在她的桌上，还留着公爵的纹章，留着华贵又霸气的温情。

如今，伦敦街头的路灯上，也依旧保留着当年公爵令人独特镌刻的双C标志，用以纪念他与香奈儿小姐之间的那段永恒的罗曼史。

5. 红

“红色，生命的色彩，鲜血的颜色。”

在香奈儿生命的最初，每夜为她照亮眠床的，除了落地生花的星光，还有奥弗涅山区特有的红月。

千百年前，多姆高原火山滚沸的熔岩曾沿着峡谷奔泻而下，吞噬了整个平原。千百年后，火山已经沉睡，岩浆化作沃土，平原变成绿野，山脉也在月光的映照下，散发出温柔的红色光芒。

“我是奥弗涅唯一未灭的活火山。”

生养之地，命运埋下的伏笔。1946 年的冬天，她避居瑞士，深居简出，与朋友莫朗倾诉衷肠，回望载沉载浮的半生，彼时浮现在心头的影像，却依旧是奥弗涅的童年。

“我的一生，就是无限延展的童年。”她的声音如滚烫的激流，卷绕火山熔岩。

红唇如烈焰。

依旧孤独，依旧骄傲，也依旧无畏。

1954 年，她盛装而归，时年 71 岁，而全巴黎的人，都以为她已经寂灭。

面对漫天攻击，她告诉自己：

“如果你心情低迷，那就多涂些口红，主动出击。”

年纪越长，越需要红色的加持。

彼时，红唇如利器，如内心屹立不倒的那一面旗帜，助她攻城夺寨，所向披靡，让她睥睨世事，洞察人心，抵挡世事，风霜与流言。

她通过红色告诉世人，只要自己不认输，就没有什么可以将你打败。

包括年龄。

数年之后，她重建时尚帝国，让自己的名字永远熠熠生辉，流传于世。

她依然在工作，红色，给她激情与力量，她就像奥弗涅的农民一样勤劳。

她也是那个 86 岁，还会涂着红色的唇彩，坐在花树下缅怀爱情，轻唱情歌的女人。

她想起卡柏曾送给她一个大红色的婚柜，告诉她，在古老的东方，红色，是吉祥的颜色，代表凤冠霞帔，琴瑟永笃。

红色，也是上帝赐予女人的魔法。

是一个女人用生命供养的精神熔岩，是在苍白的生活中，自己奖赏给自己的出口、爱慕与幻梦。

“你们的内在充满了热血，要露出来一点点才对。”

在生命的暮年，历尽千帆与风雨，她曾用温柔如少女的声音，告诉她的模特们，

她们的脸，都有着初生海棠的光泽。

她喜欢珠宝，喜欢时装与自由，喜欢用气息标记生活，喜欢“传奇鲜明如新”。

通过这些喜欢，我们会看到，经过岁月的淘漉，时间的沉淀，依然能流传于世，历久弥新的，不仅有她的作品，还有她自身的传奇。

番外三

香奈儿说，她喜欢……

1. 珠宝的温度

香奈儿说：“我喜欢以假乱真的珠宝，它们无可比拟。”

1924 年，香奈儿首次推出人造珠宝系列。她请巴黎最好的工匠用特殊工艺处理琉璃，然后制作出以假乱真的珍珠，光泽温润，如梦似幻。她把那些人造宝石搭配在服装上出售，或萦绕于脖颈，或点缀于指间，千变万化，璀璨迷人，让许多无力购买真正珠宝的女性趋之若鹜。

她的设计灵感来自沙俄宫廷的珍珠，那是狄米崔大公送给她的定情项链，沧海明珠，无双美物，一路经历战火与流亡，终于归属于美好的爱情。

她也常把人造珠宝和真正的珍珠佩戴在一起，搭配华服，光芒夺目，频繁出入高级宴会，收割赞叹的目光，并有意混淆它们之间的价值。

她告诉年轻的女孩们：

“如果只是迷恋珠宝的价值，那还不如在脖子上挂一张支票。戴在脖子上的珠宝，哪怕价值连城，也永远不要让它喧宾夺主。”

遇见西敏公爵后，她获赠了大量的天然宝石。

其中有一条举世瞩目的祖母绿项链，由数十枚天然祖母绿构成，吊坠以钻石镶边，尤为晶莹美艳。

蓝宝石，来自印度的刚玉，在自然光线下可以倾泻星空，也可以孕育彩虹，仿佛藏身一个幻想的王国。

瑰丽华贵的红宝石，大自然孕育的火红晶体，热烈，浪漫，代表着公爵的爱慕和奢华。

但她说，“奢华的反面不是贫穷，而是庸俗。真正的奢华，是那些深藏不露的东西，从不会取悦肉眼。”

她喜欢把情人赠送的珠宝任意拆装。

祖母绿搭配珍珠，设计成胸针，红宝石搭配人造珠宝，制作成帽饰，蓝宝石搭配黄金，打造成拜占庭风格的手镯和戒指。

她戴着那些配饰，穿行于沙龙，工作间，出现在时尚杂志的封面上，双瞳盈盈，内有华枝春满，也有绝代风华。

相比宝石，她更看重宝石背后的因缘与情愫，才华与匠心。

就像西敏公爵富可敌国，却在服装上表现出惊人的简朴，她也可以顺手把贵重的宝石，送给宴会上的陌生人。

“重要的不是克拉，而是一种幻想。”

“看到宝石时，你要有一颗纯真无邪的心。幻想自己坐在疾驰的车里，欣然遇见一株开花的苹果树。”

于她而言，珠宝是人间的花开，是时间的结晶，也是关于情感的温度，线索与坐标。

2. 时装，或自由

香奈儿曾与友人谈及制作时装的技艺：

“精美的裙装应该适合任何女人。”

“肩部决定一切。如果一条裙子的肩部不合身，那么它永远都不会合身。”

“人的前身是固定的，后背则负责活动弯曲。丰满的女人背部很窄，瘦削的女人却通常有一张宽背。上身的结合处全在背部，所以背部需要更多的面料，至少要有十厘米的空间，才能自由活动，譬如俯身打高尔夫球或弯腰穿鞋子。另外，还要记得测量顾客双臂交叉的情况，以确保一件衣服在人们静止的时候能合身，而运动的时候又能得体自如。”

“褶皱没有那么可怕。褶皱的美在于可用之处。”

“在模特身上，我会先用棉坯布设计构思，真正的布料应该推到后面。调整得恰到好处的棉布坯衣比任何衣料看上去都更漂亮。”

“在前面提高腰身会使一个女人显得更高挑，放低臀线则可以修饰下垂的臀部（臀部形状像一滴油的情况真是屡见不鲜），裙子的后身应该裁得更长，因为它总会上升。”

“所有使脖子显得颀长的设计都很美。脖颈决定优雅。”

尔后，她微笑，一言以蔽之：时装，必须赋予女性绝对的自由。

自由，是香奈儿一生的追求。

童年时寄人篱下，她宁愿把面包带到厕所去吃，也不愿在餐桌上遭受亲戚鞭子一般的目光，只因厕所可以让她感觉到自由。

她生来骄傲，但要维护自己的骄傲，就必须先获得自由。

自由，高于一切。

“金钱不是万能的，但金钱是万能的钥匙”，是她少年时就明白的道理，“我并不是需要用钱去买什么东西，我从未渴求过什么，除了温柔。我需要购买的只是自由，我会不惜一切代价买下它。”

成年后，金钱，爱情，生活方式，都可以为她定义自由。

她喜欢金钱，却不是金钱的奴隶。

她渴望爱情，却不愿为了爱情放弃自我。

她有自己的生活方式，用以滋养内心。

而工作，是所有的前提。

只有通过自己的双手，才有资质去追求财富，声望，爱与梦想。

她热爱工作，为工作愿意付出所有，去世的前一天，她还在工作室里检查裙边。

是工作，让她拥有了经济与人格的双重独立，让她体验到前所未有的愉悦，“多么潇洒，我就是自己的主人，我只依靠我自己。”

所以她告诉世人：

“我不需要向顾客解释我的时装，它们似乎都在进行着自我阐释。”

“我，即时尚。”

时尚是忠于自我：

设计师们极其浪漫地从各个国家，各个时代汲取灵感，却没能够找到一种恰如其分的表现方式，那是因为时装的美感永远都只是道德忠实性与情感真实性的外在体现。

时尚是实用：

无法行走在大街上的时尚，就悖离了时尚。所有的香奈儿经典外套，下摆都会加上一条链饰，让衣摆永远保持自然垂直的状态。时装，必须连通客户的生活习惯，品位和需求。

时尚是预见：

比如在冬天设计夏装，在夏季设计冬装。顾客们在炽热的太阳下面游泳的时候，想到的是冰冻和白霜。

时尚是简约：

“永远不要故弄玄虚，永远不要制作没有扣眼的扣子。”简约也是力求精致，讲究完美，却又摒弃繁琐。

简约并非单调，而是更高级别的美学与手艺。制作一件舞台剧服装非常容易，一条小黑裙却须要历经上百道工序，一遍又一遍打磨。在所有的赞美中，她最喜欢一份来自美国的认可，“精于致简，天衣无缝”。

有一次在工作间，她指着一条裙子对助手说道：“这条裙子肯定销量不好。”

“为何？”

“因为它不像我的风格。”

潮流稍纵即逝，而风格永存。

卡尔·拉格斐曾如此定义“永不过时”：

“白衬衫，牛仔裤，以及香奈儿的经典时装。”

时装是生活态度的容器，是感官体验的筵席，是自由的具象产物。

她即时装。

就像自由。

自由是构成她的物质，也是她的本身。

自由是她的翅膀，也是她的天空。

3. 选择自己的人生配方

香奈儿说：“我喜欢的香水，应该像一记耳光那样令人难忘。”

1921 年，香奈儿 N° 5 出世，自此打破香水的传统，改写香水的基因，继而以横扫万物的王者之香，俘获全世界的嗅觉，并成为 20 世纪的独特标志。

玫瑰的热烈，茉莉的优雅，橙花的明朗，檀木香的内敛与深沉……来自格拉斯的香精原料为 N° 5 奠定了别具一格的基调。

譬如，为了保证茉莉花香最本真完美的状态，所有的采摘工作都必须由人工完成，而且是在太阳升起之前。清晨的茉莉鲜花最为清新亮烈，就像带着少女的娇羞与纯真，但到了夜晚，茉莉就会变得低沉，慵懒，从而影响香息的状态。

“加更多的茉莉，不计成本”，香奈儿当年与恩尼斯·鲍说的话似乎还停留在格拉斯的空气中。当一滴香奈儿N° 5与空气拥抱，就像置身于格拉斯的花田，花香是情感的催化剂，也是一道芬芳的密码，为你开启一个前所未有的感官世界，其间有音乐，有色彩，有温度，有质地，有语言……还有香奈儿的私人气息。

她还曾说“我喜欢用气息来标记生活。”

一位故人，一段爱情，一本书，一件衣服，一座城市，一份工作……我们都可以通过气息，为它们贴上独特的私人标记。

是这些标记，让感官有迹可循，从而唤醒内心的记忆，找到人生的坐标。

香奈儿N° 5薄如蝉翼的香气，就像一张结实的网，将时光与记忆一并捕获。而情感的细胞，也将变得如少女一般丰盈水润，然后将岁月的风浪温柔包裹，在灵魂里开出一朵花来。

1937年，她在丽兹酒店亲自为香奈儿N° 5代言，引领一场女性与香水的共鸣，强烈的辨识度，傲视群雄的姿态，简约的外在，丰饶的内涵，极富女人味，令人过目不忘的优雅……面对镜头，她告诉女人们：女人就应该酷一点，才不会在人来人往中弄丢了自己。

有一份N° 5的香水配方：

前味：格拉斯橙花、乙醛、香水树花

中味：格拉斯茉莉、五月玫瑰

后味：麦索尔檀木香、波旁香根草

除此之外，还有八十多种原材料，以及神秘的制作工艺。

于是可以设想香奈儿的人生配方：

前味：奥弗涅的麦浪、奥巴辛的山茶、贡比涅的松枝

中味：比利牛斯山的篝火、多维尔的阳光、英格兰的风笛

后味：南法的海风，瑞士的冰雪，巴黎的星辰

香奈儿，创造时尚，诠释自由，展现自我，给人由内到外的蜕变。她说："是我选择香水，而不是让香水选择我，这也象征着自由和独立。"

N° 5，为女人而生。

调配香水，亦如调配人生，三分靠天赋，三分靠心气，三分靠实力，还有一分留给传奇。

4. 香奈儿悄悄告诉你

"香水要擦在哪个地方？所有你想被亲吻的部位。"

“擦错香水的女人是没有未来的。”

“穿得破旧，人们只记得衣服；穿得无暇，人们会记得衣服里的女人。”

“舒适与爱，是时尚的目的。但要让时尚取得成功，还需要加一个美的前提。”

“在你二十岁时拥有一张大自然给你的脸庞，三十岁时生命与岁月会塑造你的面貌，五十岁时你会得到一张你应得的脸。”

“青春永驻的秘密，唯有艺术与诗。”

“我的身体里住着一个少女，即使我 100 岁，我也充满斗志和活力。”

“生活不曾优待于我，所以我创造了自己的生活。”

“天上从来不会掉馅饼，每个人都需要亲自和面做出来给自己吃。”

“温柔完不成工作，除非你恰巧是一只母鸡在产卵。”

“公爵夫人可以有很多，但可可·香奈儿只有一个。”

赠品

镜头下的香奈儿

The chanel under the lens

“第一次见到香奈儿，艾提安就被她吸引住了。一双黑貂色的眸子，骄傲而忧伤，仿佛深藏着无数的故事，惹人怜爱，又勾起男人的征服欲。”

“时间回溯到 1910 年 1 月 1 日，那是香奈儿第一家女帽店开张的日子。她选择了毗邻芳登广场的康朋街 21 号，卡柏男孩亲自为她挑选了店员，并为她垫付了此后八十年的租金。”

“曾与卡柏一起住在加布里埃尔大街，那是她一生中最美好的年华。”

“1913 年，漫画家塞姆曾创作了一幅漫画，定格了香奈儿与卡柏男孩之间的关系：卡柏骑在一匹马上，挥舞着胜利的马球杆，已经与马融为一体。香奈儿穿着一件低胸的粉红色礼服，不顾一切地投向他的怀抱，与他紧紧依偎在一起。”

“达利赠送给她的画作，与耶稣受难像放在一起。一枝金黄饱满的麦穗，悬浮在黑色背景里，如思想者的头颅，孤独、苦寂，内涵如大海，不眠于黑夜。”“香奈儿与达利保持了一生的友谊。”

“他叫狄米崔·帕夫洛维奇，美如冠玉，风度非凡，曾被称为俄罗斯最英俊的男人。他也是沙皇亚历山大二世的孙子、尼古拉二世的堂弟，一位名副其实的大公。”

“1924 年的秋天，在种种‘因缘巧合’之下，香奈儿终于和本多尔在‘飞云号’上相遇了”。

“一切就像童话里的爱情，国王（西敏公爵）爱上了骄傲的公主（香奈儿），期望用情话和礼物打动她的芳心。然而他不知道，自己需要征服的，其实是一位独立的女王。”

“通过米米藏的狩猎，亲眼见证香奈儿能力与魅力的丘吉尔再次在家书中表达了对其的喜爱与赏识：‘著名的可可出现了，我很喜欢她……她精力超好，每天打猎，晚饭后还能骑着摩托车去巴黎。’”

“她穿着白色长裤，屈膝坐在年轻的舞蹈演员赛尔吉·里法的右肩上，她头巾上插着一朵白色的山茶花，姿态窈窕轻盈，笑容明朗如少女。”

“那时，只有上流社会的女人才会骑马，但香奈儿最喜欢做的，就是挑战习俗，打破界限。来到罗亚尔不久，她就告诉艾提安，她不仅要学会骑马，还要学习打马球，在马场上一展英姿。”

“在那个年代，女人留短发显然不被大众接受的，而挑战传统正是香奈儿的一贯风格——当意外爆炸的热水器烧焦了她‘黑貂绒般的头发’时，她干脆抄起剪刀，把尚可补救的发型剪成了齐耳短发。而当旁人问及原由时，她却说道：‘因为我喜欢。短发有利于我的工作。’”

“通常，她的指间都会夹着一支烟，香烟就像是她披甲上阵的武器，能让她头脑冷静，成竹在胸。”

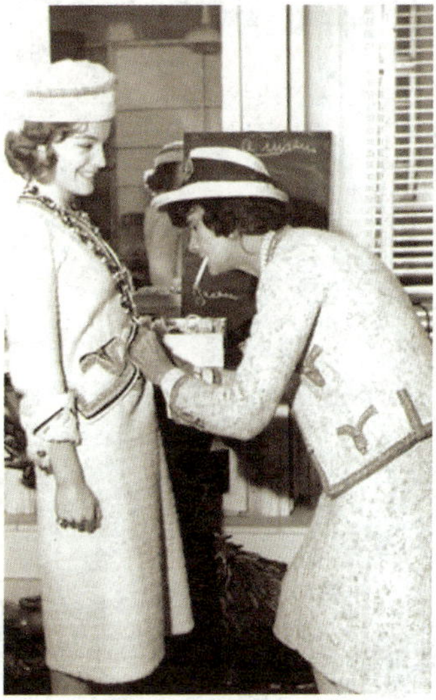

“在纸上设计稿日益盛行的年代，香奈儿所有的设计作品都在模特身上完成，就像她所说的：‘我没有办法在纸上画设计稿，因为我会一直修改，不到最后一刻，我自己也不知道效果是什么样子。’”

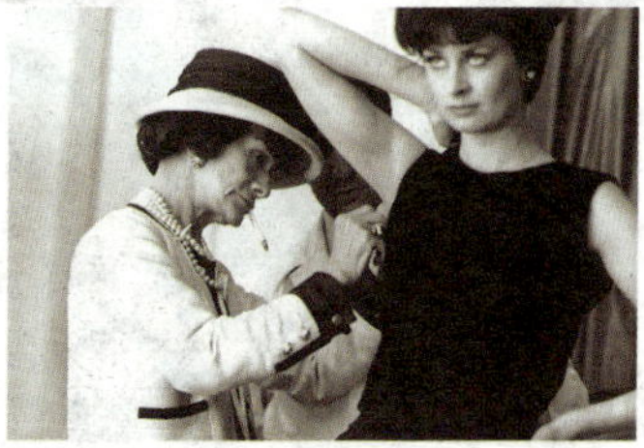

“1910 年 10 月，香奈儿戴着自己设计的帽子，首次登上了当时巴黎最流行的《戏剧画报》，记者在内文中评论道：‘可可 · 香奈儿的设计大胆又简约，即具有时尚性，又饱含内蕴，风格令人称赞。’”

“她不知道，多年之后，她会走向时尚巅峰，山茶花会一度出现在她的作品里，会征服无数女人的心，会成为‘香奈儿’的私人标识和精神象征，就像一捧炽烈的雪，一朵爱情的香氛，高雅秀丽，洁白无瑕，不攀不附，不蔓不枝，绽放得孤独、自由、烂漫……”

“有一天，她打开了卡柏男孩的衣橱，那些宽松的针织衫和运动装又让她情不自禁地感叹道：‘为什么女人不能像男人一样穿着呢？为什么大家非要穿着紧身胸衣，束身腰带，忍受着重重酷刑，挤压身上的脂肪？为什么女人们就不可以穿着运动衫，在街道上自由自在地奔跑；穿着轻薄的裙子，在舞台上展示优美的曲线？’”

“1913 年，《春之祭》在巴黎首演时，曾因太过前卫而引起观众暴动，但也掀起了一场现代音乐的革命；同样，香奈儿的设计，也在时尚界进行着一场又一场的革新。”

“在此之前，人们的观念已然根深蒂固，黑色只能作为丧服的颜色出现，而现在，香奈儿将把这种颜色带到沙龙里、晚宴上，以及日常生活中，让黑色成为优雅、神秘、高贵和自由的代名词，继而统治世间一切的花花绿绿。”

“20 世纪 50 年代——即香奈儿 5 号问世三十年后，有记者采访好莱坞性感女神玛丽莲·梦露，问及‘你睡觉时穿什么，睡衣，睡裙，还是睡袍’时，她俏皮又妩媚地问答：‘A Few Drops of Chanel No.5,’（我只穿几滴香奈儿 5 号入睡。）”

“至于为什么选择 5 号做香水的名字，她的回答则是：‘纯属偶然，我只是觉得数字 5 有一种特别的美感。’”

“摄影师塞尔吉·利多用他的镜头定格了那个历史性的画面，在康朋街 31 号的门口，美国大兵排起了长队，他们面带感激，只为领取一瓶珍贵的香奈儿 5 号。”

“卡尔·拉格斐曾如此定义‘永不过时’：‘白衬衫，牛仔裤，以及香奈儿的经典时装。’” “时装是生活态度的容器，是感官体验的筵席，是自由的具象产物。”

“‘你们的内在充满了热血，要露出来一点点才对。’在生命的暮年，历尽千帆与风雨，她曾用温柔如少女的声音，告诉她的模特们，她们的脸，都有着初生海棠的光泽。”

“1954 年 2 月 5 日，巴黎康朋街 31 号，香奈儿举办了‘二战’后的第一场时装秀，正式宣布复出。”“她依旧烈焰红唇，耳坠明珠，环佩叮当。依然有着一颗不畏不惧的少年之心。”

“从此之后，每次开新品发布会，香奈儿都只需要坐在镜梯的最顶端，就可以将沙龙的一切尽收眼底。”

“豺狼成群，狮子独行。天生的王者。狮子，是香奈儿的星座，黄道十二宫之第五宫，也是她渗入命理的象征符号。”“狮子，威尼斯的守护之神，代表复活的力量。在圣马可广场的入口处，高耸入云的圆柱上就屹立着一头展翅欲飞的铜狮。是时，天地威严，云霞隽美，她在圣马可教堂的钟声里顿悟，重获新生。”

“美人迟暮，良人逝去，唯有她身边的乌木漆面屏风，还依然屹立着，呈现出旖旎的东方秘境，就像时间的海市蜃楼。”